本书由四川大学"智慧法治"超前部署学科、中国法

杨鹍飞　著

# 九寨沟震区民族特色村寨
# 灾后重建与常态保护的
# 法律机制研究

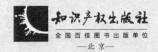

知识产权出版社
全国百佳图书出版单位
—北京—

图书在版编目（CIP）数据

九寨沟震区民族特色村寨灾后重建与常态保护的法律机制研究 / 杨鹍飞著 . —北京：知识产权出版社，2021.6
ISBN 978-7-5130-7530-5

Ⅰ.①九… Ⅱ.①杨… Ⅲ.①九寨沟—少数民族—村落—地震灾害—灾区—重建—法律—研究 ②九寨沟—少数民族—村落—保护—法律—研究 Ⅳ.①D927.710.164

中国版本图书馆 CIP 数据核字（2021）第 090041 号

**内容提要**

本书以九寨沟震区为核心调研区域，通过实证调查，记录并分析震区少数民族特色村寨灾后重建过程中的问题，提出有价值的立法和法律适用方面的建议，以促进我国少数民族特色村寨法律保护机制的完善，有助于实现四川震区乡村振兴。

责任编辑：高源　　　　　　　　　责任印制：孙婷婷

九寨沟震区民族特色村寨灾后重建与常态保护的法律机制研究
JIUZHAIGOU ZHENQU MINZU TESE CUNZHAI ZAIHOU CHONGJIAN YU CHANGTAI BAOHU DE FALÜ JIZHI YANJIU
杨鹍飞　著

| | | | |
|---|---|---|---|
| 出版发行：知识产权出版社 有限责任公司 | | 网　址：http://www .ipph.cn | |
| 电　话：010-82004826 | | http://www .laichushu.com | |
| 社　址：北京市海淀区气象路 50 号院 | | 邮　编：100081 | |
| 责编电话：010-82000860 转 8701 | | 责编邮箱：laichushu@cnipr.com | |
| 发行电话：010-82000860 转 8101 | | 发行传真：010-82000893 | |
| 印　刷：北京中献拓方科技发展有限公司 | | 经　销：各大网上书店、新华书店及相关专业书店 | |
| 开　本：720mm×1000mm　1/16 | | 印　张：8 | |
| 版　次：2021 年 6 月第 1 版 | | 印　次：2021 年 6 月第 1 次印刷 | |
| 字　数：200 千字 | | 定　价：58.00 元 | |
| ISBN 978-7-5130-7530-5 | | | |

# 序　言

　　九寨沟作为世界知名旅游景区，旖旎的自然风光及多样的中华民族文化表现形式使世界各地的游客为之着迷。2017 年 8 月 8 日，九寨沟发生 7.0 级大地震，党和国家及地方各级政府立即展开救援行动，赢得世界和中国人民的赞誉。此后，学术界对九寨沟少数民族特色村寨的灾后重建和保护工作予以重点关注，并产生了一系列重要成果和深度思考。

　　2017 年，中国法学会部级课题公开招标，笔者基于自身民族学、法学和公共管理的学术背景，抱着尝试做交叉学科研究的心态，以"九寨沟震区民族特色村寨灾后重建与常态保护的法律机制研究"为题申请了法学会课题，幸得法学会评审专家的认可，课题得以成功立项。由此，课题组成员进行了长达两年的调研和走访，其间多次深入九寨沟地区进行实地调查，亲历了九寨沟地区从闭园修复到重新开放的全过程，也感受到九寨沟地震对当地民族村寨居民和社区的影响。调研发现，九寨沟震区少数民族特色村寨的灾后重建工作给当地群众带来的不仅是经济收入上的显著变化，还在于潜移默化地影响了他们的生活理念和态度。在九寨沟的灾后重建过程中，不论是当地政府部门还是震区少数民族村寨基层干部，经常思考以下三个问题：如何更好地开发和利用好九寨沟旅游资源？如何将当地少数民族特色村寨等生活空间和文化空间资源整合好？如何构建少数民族村寨常态保护的法律机制？

本书主要围绕少数民族特色村寨的法律保护机制展开研究，全书分为以下七个部分。

第一部分是导论。本部分主要介绍震区少数民族特色村寨灾后重建和常态保护研究的背景和意义，并对少数民族特色村寨相关文献进行分析和梳理，继而对本书的基本思路、研究目的、研究方法进行概述。

第二部分是基本概念与理论基础。该部分主要对灾后重建理论与少数民族特色村寨相关概念和理论进行梳理，在辨析少数民族、民族概念的基础上界定民族特色村寨的内涵和外延；在界定民族特色村寨概念的基础上，提出分析民族特色村寨灾后重建和常态保护的理论框架，具体包括民族特色村寨旅游开发理论、少数民族权利理论和法律保护的巴泽尔产权理论；对政策过程理论和灾后重建理论进行梳理。

第三部分是震区民族特色村寨灾后重建概况。分析少数民族特色村寨的文化特征、空间结构和产业分布的特点，并对震区民族特色村寨灾后概况进行简要分析，在此基础上对民族特色村寨灾后保护存在的法律问题进行梳理，为下文的进一步分析奠定基础。

　　第四部分是震区民族特色村寨灾后重建模式。该部分首先分析了灾后重建的理论模式，然后从实践上总结国内灾后重建的经验模式，最后分析九寨沟震区灾后重建的模式和特点。

　　第五、第六部分是九寨沟震区灾后重建政策分析和震区民族特色村寨灾后重建机制障碍分析。根据前文对民族特色村寨保护现状调查和灾后重建政策的分析，结合现有法律法规，分析当前民族特色村寨法律保护方面存在的问题，重点分析灾后重建和常态保护两方面存在的制度阻碍因素，反思现有保护思路和制度方面存在的问题并探讨改进空间。

　　第七部分是震区民族特色村寨灾后重建的法律机制构建。提出法律机制构建原则，并借鉴相关立法、司法和执法方面的经验，提出制定民族特色村寨灾后重建及常态保护的法律法规的建议，以形成完备的民族特色村寨保护法律体系。

　　第八部分是结论。作出本书的主要结论，并对需要进一步研究的问题进行简要的梳理和讨论，为下一步研究提供参考。

杨鹍飞

2021 年 1 月于四川大学文科楼

# 目 录

序 言

导 论 // 1

第一节 问题的提出 // 3

第二节 文献回顾 // 8

第三节 研究思路 // 29

第一章 基本概念与理论基础 // 35

第一节 基本概念 // 37

第二节 民族特色村寨的开发保护理论 // 42

第三节 政策过程理论 // 48

第四节 灾后重建理论 // 58

第二章 震区民族特色村寨灾后重建概况 // 65

第一节 九寨沟民族特色村寨的主要特征 // 67

第二节 样本选择与问卷分析 // 73

第三节 震区民族特色村寨灾后概况 // 81

第四节 民族特色村寨灾后保护的主要问题 // 84

**第三章 震区民族特色村寨灾后重建模式 // 95**

第一节 灾后重建的理论模式 // 97

第二节 国内灾后重建的经验模式 // 101

第三节 九寨沟震区灾后重建模式 // 104

**第四章 九寨沟震区灾后重建政策分析 // 109**

第一节 实地调研选择 // 111

第二节 灾后重建政策执行评价指标体系构建 // 115

第三节 灾后重建政策执行评价量表设计 // 121

第四节 灾后重建政策执行状况 // 127

第五节 灾后重建政策执行的困境 // 143

第六节 灾后重建政策执行的对策建议 // 160

**第五章 震区民族特色村寨灾后重建机制障碍分析 // 163**

第一节 灾后重建运行机制的内涵界定 // 165

第二节 震区民族特色村寨灾后重建的基本经验 // 168

第三节 民族特色村寨灾后重建的机制障碍 // 175

**第六章 震区民族特色村寨灾后重建的法律机制构建 // 183**

第一节 构建原则 // 185

第二节　法律规范形成机制 // 190

第三节　法律关系调整机制 // 193

第四节　法律保护机制 // 200

第五节　法律监督机制 // 204

第七章　结　论 // 209

参考文献 // 215

附　录 // 231

附录一　九寨沟震区灾后重建政策执行情况调查问卷 // 231

附录二　政策执行问题访谈提纲 // 235

附录三　四川藏区少数民族特色村寨保护现状
　　　　调查问卷 // 237

附录四　民族特色村寨保护现状访谈提纲 // 242

后　记 // 245

导　论

随着社会主义现代化进程的不断加快，我国城镇化水平不断提高，少数民族村落人口逐渐进入城市生活、工作。少数民族的很多传统风俗、传统习惯、传统技艺在城镇化过程中呈现诸多适应性变化，并对少数民族居住的村落空间及其所蕴含的空间文化意义产生重要影响。

# 第一节　问题的提出

## 一、研究背景

作为一个传统的农业大国，与"农"相关的问题——包括农村经济、农村社会、农村传统文化等——一直是政府和学术界重点关注的问题。其中村庄、村寨作为典型的农村聚落形态和聚合方式，直观地体现出某一村落、某一地区、某一民族的生产生活方式、传统文化形式等，是我国社会学研究的重点对象之一，产出了众多的学术成果。费孝通先生以中国农村为研究对象，写出了《乡土中国》这部对中国社会和中国乡村研究影响深远的巨著。进入 21 世纪以来，"三农问题"逐渐成为党中央和国务院高度关注的重点民生问题，推行了一系列政策，旨在改善农民生活状况，促进农村经济发展。

在我国经济发展步入高速轨道之后，城镇化水平不断提高，在城镇化进程不断加速的过程中，城镇化所带来的问题也逐渐凸显。大量农村人口远离其出生、成长、生活的村寨进入城市谋求生活，其中来自少数民族村寨的村民因其自身所具有的少数民族特色文化与城市的现代文化有很大不同。对于继承少数民族传统技艺、传统习俗在城市生产生活的人群，其所拥有的专长因其所处的城市这一场域而无法得到有效的施展，不利于少数民族传统文化的传承。

为了减少少数民族村寨传统特质与空间文化的流失，消除少数民族优秀传统文化保护工作中的阻碍性因素，同时为了确保少数民族特色村寨"留得住人"并具有"人文气息"，必须提升少数民族村寨居民的收入水平、生活品质和教育质量，开展少数民族特色村寨保护与发展的工作势在必行。2009 年 9 月国家民族事务委员会办公厅与中华人民共和国财政部办公厅联合下发了《关于做好少数民族特色村寨保护与发展试点工作的指导意见》（以下简称《指导意见》），决定在全国开展少数民族特色村寨保护与发展试点工作。《指导意见》明确了少数民族特色村寨保护与发展试点工作的重要意义、试点村寨的选择、试点工作的主要任务、原则及步骤和要求。2012 年 12 月国家民族事务委员会办公厅印发《少数民族特色村寨保护与发展规划纲要（2011—2015 年）》（以下简称《规划纲要》）❶，进一步明确了少数民族特色村寨保护与发展的指导思想、基本原则、扶持对象和发展目标，更为具体地阐明了少数民族特色村寨保护与发展的主要任务，也更为详细地解释了组织实施和保障措施。

四川省地处喜马拉雅地震带，省内主要有鲜水河地震带、安宁河—则木河地震带、金沙江地震带、松潘—较场地震带、龙门山地震带、理塘地震带、木里—盐源地震区、名山—马边—昭通地震带等。近 10 年，四川发生了汶川、雅安、九寨沟 3 次 7 级以上大地震，说明已经进入地震活跃期。四川省民族特色村寨的抗震及灾后重建问题对于保存相关少数民族传统文化有着重要意义。

四川在经历了多次大地震后，震区少数民族特色村寨保护暴露出若干不足之处。本书拟尝试立足于实证调查，以九寨沟震区为核心调研区域，进行实时跟踪调查，记录并分析震区少数民族特色村寨灾后重建过程中的问题，提出有价值的立法和法律适用方面建议，以促进我国少数民族特色村寨法律保护机制的完善，有助于实现四川震区乡村振兴。

九寨沟县位于四川省北部高原，阿坝藏族羌族自治州（以下简称"阿坝州"）东北部。东、北与甘肃省文县、舟曲县、迭部县交界，西、南与四川省若尔盖县、平武县、松潘县接壤。地

---

❶ 国家民委关于印发少数民族特色村寨保护与发展规划纲要（2011—2015 年）的通知 [EB/OL].（2012-12-10）[2019-07-08].http://www.seac.gov.cn/seac/xwzx/201212/1003273.shtml.

势西北、西南高，东南低，地貌类型以高山山原、高山峡谷和中山河谷为主，海拔 1000～4500 米。全县面积 5286 平方千米，森林覆盖率 54.9%，是四川省第二大林区。下辖 2 镇 15 乡，120 个行政村，10 个社区居委会。❶ 2015 年，全县户籍人口 67519 人，其中少数民族人口 26261 人。

北京时间 2017 年 8 月 8 日 21 时 19 分，在四川省阿坝州九寨沟县发生了 7.0 级地震，震源深度为 20 千米，震中距离九寨沟县城 35 千米，距阿坝州 210 千米，距成都市 290 千米，距甘肃陇南市 100 千米。四川、甘肃、青海、宁夏、陕西多省震感明显，局部地区震感强烈，震区 50 千米范围内人口密度为 9 人/平方千米。❷ 截至 2017 年 8 月 13 日 20 时，地震造成 25 人死亡，525 人受伤，6 人失联，19768 户 176492 人（含游客）受灾，73671 间房屋不同程度受损（其中倒塌 76 间），涉及阿坝州九寨沟、松潘、若尔盖、红原等 4 个县 53 个乡（镇）309 个村（社区）。❸ 党中央第一时间派地震工作队赶赴灾区全面部署并开展应急处置和抗震救灾工作。

九寨沟震区包括九寨沟县、松潘县、若尔盖县等，聚居着藏族、羌族、苗族和回族等少数民族，形成了一批各有特色的少数民族村寨。这些村寨民族文化独特，自然风光秀丽，其语言文

---

❶ "中国·九寨沟"政府门户网站 [EB/OL].（2015-08-14）[2018-06-25].http://www.jzg.gov.cn/xxgk/gkxx/dqgk/201508/t20150814_1089564.html.

❷ 四川九寨沟 7.0 级地震情况通报 [EB/OL].（2017-08-09）[2018-06-26]. http://www.cea.gov.cn/publish/dizhenj/468/553/101710/101716/20170809011745433637617/index.html.

❸ "8.8"九寨沟地震致 25 死 525 伤 人员搜救工作基本结束 [EB/OL].（2017-08-14）[2018-06-25]. http://www.sc.gov.cn/10462/12771/2017/8/14/10430678.shtml.

化、村寨风貌、传统服饰、风俗节庆、民居建筑、特色产业、风俗习惯等集中展现了当地民族的文化特色及经济社会发展的特点。在九寨沟 7.0 级地震中，数量众多的少数民族特色村寨不同程度地受到影响，当时各地针对民族特色村寨的灾后重建工作尚未完全开展，对于九寨沟震区少数民族特色村寨灾后重建及保护尚处于探索阶段。如何在现代社会条件下对少数民族特色村寨进行灾后重建，是每一位九寨沟震区灾后重建参与者所面临的一个全新课题，需要九寨沟各级政府部门及研究人员对此进行深入研究和探索。以下为了行文方便，将少数民族特色村寨简称为"民族特色村寨"。

## 二、研究意义

### （一）学术价值

国内学术界对民族特色村寨的研究比较薄弱，尤其对民族特色村寨灾后重建及法律保护机制方面的研究缺乏针对性的系统研究。目前，学术界尚缺乏针对民族特色村寨灾后重建问题的专题成果。

民族特色村寨灾后重建问题是一个涉及法学、社会学、民族学等学科的复杂问题，研究该问题对于相关学科都有一定的理论价值。

其一，从法学学科视角来看，地震等自然灾害对民族特色村寨的损毁在保险业领域是一个新课题，所涉及的保险赔付问题尚不能被现行《中华人民共和国保险法》所完全覆盖。研究民族特色村寨灾后重建及法律保护机制有一定的开拓性和前瞻性。

其二，民族特色村寨灾后重建与保护涉及房屋所有人、村寨集体组织、政府和社会专业组织等利益相关者的权利、责任与义务问题，通过研究该问题有助于实现民族特色村寨保护法律机制构建过程的科学化和精准化，有助于推进"精准法学"，同时也有助于促进法学、民族学、社会学等学科理论与方法的进一步交叉。

（二）应用价值

其一，有助于深入了解九寨沟震区民族特色村寨损毁情况及法律保护方面存在的问题，为地方政府采取应对办法和策略提供决策依据。

其二，有助于进一步完善少数民族特色村寨保护的法律体系，有利于保护和传承少数民族传统文化。

其三，有助于为文化遗产保护、特色民族村寨保护等立法工作提供科学依据，促进我国文化遗产保护法律体系的完善；有助于建立《保护世界文化与自然遗产公约》国内法衔接机制。

# 第二节　文献回顾

本书主要涉及民族特色村寨和灾后重建两个方面的主题，因此，相关文献回顾围绕"民族特色村寨"和"灾后重建"及相关研究展开。纵观国内外相关研究，"民族特色村寨"的研究涉及民族旅游、生态保护、区域特色研究、政策研究等方面，"灾后重建"研究涉及灾后重建的主体、模式、机制和相关经验研究。

## 一、关于民族特色村寨的研究

### （一）民族特色村寨与民族旅游

"民族旅游主要指以民族文化为特色的旅游，民族村寨是展示民族文化的最集中和最真实的空间载体。"[1]因此，国内相关研究将民族村寨的旅游开发与民族文化保护一起讨论。

有研究者认识到以旅游开发促进文化保护的可行性[2]，并提出了民族旅游开发与文化保护结合的典型模式——贵州郎德模式[3]、武陵山区彭家寨"生态家园"模式[4]、西双版纳勐景来CCTV模式[5]等。有研究者提出，民族村寨旅游开发对民族文化变迁的影响利大于弊：积极影响在于有助于当地居民提高经济收益与生活水平，有助于培育传统文化的现代生存空间；消极影响在于片面追求经济效益会导致传统文化的"变形与失真"。民族

---

[1] 张华明，滕健.民族村寨旅游开发的 CCTV 模式——以西双版纳"中缅第一寨"勐景来为例 [J].广西民族研究，2006（3）：197.

[2] 李智伟，张超.旅游开发中贵州民族村寨文化遗产的保护 [J].西南民族大学学报（人文社科版），2008（12）：73-76.

[3] 李欣华，吴建国.旅游城镇化背景下的民族村寨文化保护与传承——贵州郎德模式的成功实践 [J].广西民族研究，2010（4）：193-199.

[4] 邓辉.生态家园：文化遗产型特色民族村寨发展的有效模式——基于武陵山区彭家寨的调查 [J].中南民族大学学报（人文社会科学版），2014（5）：50-54.

[5] 同 [1].

村寨文化保护存在"伪文化"、过度开发、破坏生态环境、未合理规划等问题，需要采取联动发展、教育先行、保护生态、促进民族特色村寨可持续发展等措施保护民族特色村寨文化。❶

具体来讲，保护民族特色村寨文化遗产需要政府和社会的协同参与。一是民众增强文化遗产保护意识；二是政府部门做好民族特色村寨文化遗产的普查、记录和整理工作，加大资金投入力度，积极营造文化遗产保护的文化空间。❷一方面，建立民族地区文化保护法规条例，发挥政府宏观调控作用；另一方面，统筹规划民族村寨资源，建立民族文化自信，重聚村寨人气，搭建村寨文化共同体，创造机会鼓励村民参与景区治理。❸少数民族通过法治渠道积极进行利益表达，直接促进了社会问题通过政策方式的顺利解决。

民族特色村寨文化保护手段多样，有经济、教育、法律手段等。在经济方面，可通过对村民培训民族手工艺制造技艺与民族歌舞表演能力，提高民族特色产品的竞争力，不仅提高了民族自信，而且可以提高经济收益；在教育方面，将传统文化教育引入民族特色地区，不仅提高了民族特色村寨的整体文化水平，还促进了民族文化的传承与发展；在法律方面，将民族特色村寨文化保护置于国家、集体、个人三维之中。在法律制定过程中，既

---

❶ 李忠斌，郑甘甜. 论少数民族特色村寨建设中的文化保护与发展 [J]. 广西社会科学，2014（11）：185-189.

❷ 谭元敏. 少数民族特色村寨建设中的文化遗产保护问题研究——以"中国少数民族特色村寨"石桥坪村为例 [J]. 湖北民族学院学报（哲学社会科学版），2016（1）：56.

❸ 田敏. 论民族旅游开发与民族特色村寨建设——以黔东南郎德苗寨为例 [J]. 中南民族大学学报（人文社会科学版），2016（1）：86-91.

要看到国家的义务，又要彰显文化主体（内生主体为当地居民，外源主体是政府、企业等）的作用。❶

## （二）民族村寨与生态保护

露天博物馆起源于 19 世纪末 20 世纪初的欧洲，是依托乡土建筑，对民族乡村的生活、文化、经济、技术等方面进行集中展示的物质载体。露天博物馆作为一种物质载体，有利于促进建筑学、民俗学、民族学等学科对民族村寨的综合交叉研究。同时，露天博物馆传承少数民族文化遗产，可以促进民族认同感，增强民族自信心。生态博物馆理念最初受到露天博物馆的启发，于 20 世纪 70 年代诞生于法国。生态博物馆呼吁就地保护，将与文化遗产有关的展品在原生地予以整体性保护。这两种民族村寨保护方式传入我国后，基于中国的本土实践呈现不同的发展态势。贵州省最先进行露天博物馆本土化实践，但是由于露天博物馆异地搬迁或重建的要求限制，其未在中国得到推广。❷

1998 年，中国建成第一个"生态博物馆"——贵州梭戛生态博物馆。随后，广西、云南、内蒙古等地相继建设生态博物馆。在梭戛生态博物馆建设经验的基础上，政府和学者归纳出促进民族特色村寨保护与开发的原则，其主要观点是：第一，当地村民是文化的主人，必须参与管理；第二，当旅游与文化保护起

❶　彭清燕.论民族村寨文化保护的法本位进路与法制度建构 [J].广西民族研究，2015（3）：113-121.

❷　刘梦颖.爱沙尼亚露天博物馆及其乡土建筑保护的模式与经验 [J].广西师范大学学报（哲学社会科学版），2015（4）：88-95.

冲突时，必须把文化保护放在第一位；第三，在不损害传统文化价值的基础上，必须提高当地居民的生活水平。❶有学者提出，在民族村寨旅游中要遵循文化与旅游互动、城乡旅游一体化、生态和谐发展和区域联合发展策略，建立民族文化生态旅游村及博物馆多角度展示和保护其文化遗产。❷

　　生态博物馆在中国本土化过程中，可能存在以下困境：一是有变成传统博物馆的可能；二是面临经济发展与文化保护的两难选择；三是村民、政府与专家的"主体与对象"的身份转变。❸生态博物馆的引入使民族文化在一个特定的区域内得到了整体保护，当地人民对于本社区文化的重要性有了更高的认识，当地的经济、教育也得到了相应的发展。此后，在民族村寨开发与保护过程中，有学者又提出了民族文化生态村、文化生态保护区、历史文化名村保护工程、生态文明村、民族团结进步示范村、民间艺术之乡、少数民族特色村寨保护与发展试点等新形式、新模式。❹

## （三）民族特色村寨的区域特色研究

　　整体上讲，当前国内关于民族特色村寨的研究，呈现多层次性和区域性特征。其中，主要以少数民族特色村寨保护与发展

　　❶ 麻国庆.民族村寨的保护与活化 [J].旅游学刊，2017，32（2）：5-7.
　　❷ 周灿.少数民族村寨非物质文化遗产保护性旅游开发——以三台山德昂族村寨为例 [J].学术探索，2014（4）：115-118.
　　❸ 张庆宁，尤小菊.试论生态博物馆本土化及其实践困境 [J].理论月刊，2009（5）：91.
　　❹ 李然.民族村寨保护和发展的实践及其理论省思——基于武陵山区的调查 [J].中南民族大学学报（人文社会科学版），2014，34（5）：55-60.

的宏观性研究为主，微观个案研究为辅。主要体现在以下三个方面：以省（市、自治区）为单位，对各行政区域内的少数民族特色村寨保护与发展的研究；以地级市（州）或县级市（县）为对象，对市县范围内特色村寨保护与发展的研究；有关少数民族特色村寨保护与发展的个案研究。❶

民族特色村寨保护与发展的研究集中在湖南、湖北、贵州、广西、云南等地区。对于广西而言，少数民族特色村寨在城镇化进程中也面临诸多挑战，如旅游开发中的利益冲突与利益分配问题、新村寨建设中的古建筑保护与民族特色保护问题、村民人口流失问题等。对此，有研究者建议，可以通过向少数民族特色村寨注入时代功能、保护村寨原始生态与自然风貌、重拾村寨历史记忆、发扬民族特色文化等方式，加强对少数民族特色村寨的保护、开发与建设。❷ 湖北省对于少数民族特色村寨的保护与开发卓有成效，坚持在保护与开发二者中求得平衡。坚持少数民族特色文化传承与生态环境保护相协调，不仅需要政府高度重视分类施策，也需要相关专家、学者的智力支持和村民的积极参与。❸ 贵州省特色村寨建设存在政府部门协调机制不健全、村民保护意识淡薄、村寨劳动力流失严重、文化的活态传承面临危机等问题。有学者建议，应坚持加强完善制度建设、促使村寨保护在法

---

❶ 谭元敏，张国超 . 少数民族特色村寨研究述评 [J]. 湖北民族学院学报（哲学社会科学版），2014，32（6）：48-52.

❷ 刘志宏，李钟国 . 城镇化进程中少数民族特色村寨保护与规划建设研究——以广西少数民族村寨为例 [J]. 广西社会科学，2015（9）：31.

❸ 姜爱 . 湖北少数民族特色村寨保护与发展经验解析 [J]. 湖北社会科学，2012（9）：196-198.

治轨道运行；要坚持发挥政府主导、引导和统筹协调作用；要坚持创新村寨发展模式，保护和利用并重；加大对少数民族群众的技能培训，提升自我发展能力；动员社会力量广泛参与，整合利用多方资源；提高重视程度，促进民族传统文化的活态传承。❶广东省民族特色村寨建设中存在景观保存修复难度大、资金缺口大、村寨缺乏规划、缺乏统一协调机制、社会参与度不高等问题，需要加强顶层战略设计，建立统一协调机制；多方筹措资金，合理规划，发展特色产业。❷

典型民族特色村寨研究方面，有黔东南郎德苗寨民族旅游开发与村寨建设的研究❸，云南省傈僳族特色村寨同乐村的保护、开发与利用研究❹，广西仫佬族村寨在民族特色村寨建设中多元资本投资、多主体受益、共生共治的共建新模式研究。其他研究发现，川西北桃坪羌寨与上磨藏寨在旅游开发中折射出民族特色村寨传统文化保护不足的问题。❺湖北武陵山区夹壁村存在村寨发展思路不明确、文化与经济耦合度低、寨内外发展差距大等问

---

❶ 胡曼，周真刚.贵州省民族特色村寨的可持续发展研究[J].贵州民族研究，2017，38（11）：75-82.

❷ 吴泽荣.广东少数民族特色村寨保护与发展的现状与思考[J].黑龙江民族丛刊，2016（2）：86-90.

❸ 田敏.论民族旅游开发与民族特色村寨建设——以黔东南郎德苗寨为例[J].中南民族大学学报（人文社会科学版），2016，36（1）：86-91.

❹ 宋建峰，李保林，唐莉.傈僳族特色村寨的保护、开发与利用探析——以云南省迪庆州维西县同乐村为例[J].云南行政学院学报，2015，17（1）：158-165.

❺ 王海燕，蒋建华，袁晓文.少数民族特色村寨旅游开发对文化传承的影响与思考——以川西北桃坪羌寨与上磨藏寨为例[J].广西民族研究，2018（2）：105-111.

题，其采取固本扩边——以村寨为中心的扩展新发展思路。❶

### （四）少数民族特色村寨保护的政策研究

2009 年，国家民委和财政部联合下发通知，开展少数民族特色村寨保护与发展试点工作。全国 28 个试点省、自治区、直辖市共确定 121 个试点村寨，涉及 27 个少数民族，投入中央补助资金 5000 万元。❷民族特色村寨保护与发展是一项浩大的工程，需要政府主导和资金的大量投入。

该政策在全国 28 个省区取得了一定的成效，但在政策制定、执行、监督等环节也面临一些问题，如需要加强少数民族特色村寨法律法规和政策体系建设，加强政策评估与实施监督环节；需处理好少数民族特色村寨执行机构多元关系、各民族之间的利益关系、民族文化的恢复与移植关系；实现少数民族特色村寨文化保护与经济发展的双赢。❸

对于民族特色村寨的精准扶贫问题，可从国家治理层面、政策引导角度寻找解决方案。例如，政府出台有效政策激发群众保护文化遗产的热情，拓宽文化资源保护的资金投入渠道，保护民族村寨的特色建筑和独特风貌，培育传承民族文化的各类人

---

❶ 李忠斌，李军，文晓国. 固本扩边：少数民族特色村寨建设的理论探讨 [J]. 民族研究，2016（1）：27-37，124.

❷ 段超. 保护和发展少数民族特色村寨的思考 [J]. 中南民族大学学报（人文社会科学版），2011，31（5）：20-24.

❸ 李安辉. 少数民族特色村寨保护与发展政策探析 [J]. 中南民族大学学报（人文社会科学版），2014，34（4）：42-45.

才，确保民族村寨实现脱贫攻坚与文化保护双赢。❶ 关于少数民族特色村寨法律保护问题，应从政策的制度化、规范化入手，建立保护管理机制，改善基础环境，推动少数民族特色村寨保护与发展工作的规范化、法制化。❷ 此外，少数民族特色村寨的立法保护还可以通过修订自治条例、制定单行条例、补充配套政府规章制度手段完善。❸ 对于民族特色村寨的规划问题，要统筹协调、稳步推进；积极协调政府各部门之间、政府部门与专家及村民之间的关系，各司其职，统筹规划。

国内关于少数民族特色村寨保护的研究主要从旅游学、建筑学、民族学、管理学等学科角度出发，呈现以下特点：（1）研究重点是民族村寨旅游；提倡在民族旅游开发中对民族村寨的物质文化与非物质文化遗产进行保护；（2）关注民族村寨遗址、建筑的修复与保护；（3）从民族学角度，研究典型地区、典型民族村寨的开发与保护；（4）从管理学角度出发研究民族特色村寨保护存在问题及其对策。少数民族特色村寨是集聚独特的文化、习俗、语言、景物于一体的存在，国内关于少数民族特色村寨的研究集中于最大限度发挥民族村寨在传承民族文化、提高地方经济水平等方面的作用。

---

❶ 杨春蓉.建国后少数民族村寨脱贫与文化保护的政策引导分析 [J].西南民族大学学报（人文社科版），2017，38（11）：199-204.

❷ 朱祥贵，周欢，孙儒等.鱼木寨特色村寨文化遗产保护与利用法律的创新 [J].湖北民族学院学报（哲学社会科学版），2017，35（4）：85-90.

❸ 杨春娥，李吉和.论恩施州少数民族特色村寨立法保护之完善 [J].湖北民族学院学报（哲学社会科学版），2018，36（2）：134-140.

### （五）关于民族特色村寨保护的理论研究

民族特色村寨保护的理论研究根本目标是探寻我国民族特色村寨保护与发展适用的理论模式，创造性地提出理论安排和路径选择，为民族特色村寨保护与发展出谋划策，并提出某种衡量指标或衡量方式，检验理论在实践应用过程中的适应度，从而根据时间反馈不断修正理论。

有关民族特色村寨建设理论和建设基本原则的研究成果相对稀缺。其中有代表性的有：李忠斌等的《固本扩边：少数民族特色村寨建设的理论探讨》一文，从多种理论角度阐述了构建少数民族特色村寨理论及村寨保护的重要性与紧迫性，并在分析特色村寨建设最大现实困境的基础上，提出了"固本扩边"理论。"该理论（固本扩边）以民族文化为本源，以文化产权为中心的要素配置为基础，以参与—分享的利益协调机制、村寨—文化—环境三维一体的生态文明、展示—吸纳—融合的村寨文化发展和以村寨为中心的边界扩展圈形增长为支点，在少数民族特色村寨建设理论研究上有所贡献。"❶张显伟则提出了民族特色村寨建设应当坚持的基本原则。他指出，"少数民族特色村寨的保护与发展应该坚持政府主导、多方参与、积极、以人为本、完整、保护与发展、尊重习惯等基本原则，这些基本原则是少数民族特色村寨保护与发展工程展开的灵魂、核心，是指导工程运行的根本准

---

❶ 李忠斌，李军，文晓国.固本扩边：少数民族特色村寨建设的理论探讨 [J]. 民族研究，2016，26（1）：32.

则"❶。他逐一分析了每一条原则的内涵，以期在实践中能够具体
运用。段超的《保护和发展少数民族特色村寨的思考》一文论述
了"少数民族特色村寨保护和发展工作成效显著，少数民族传统
民居和民俗文化、生态环境得到保护，村民生活条件得到改善，
村寨特色优势产业建设取得进展，村民生活水平得到提高"，也
指出了民族特色村寨保护与发展建设中"急于求成、急功近利，
保护和发展规划和方案不科学，部分地区、部门协作不力，村民
参与不够，村寨经济发展缓慢"等问题，提出了要提高对特色村
寨建设重要性的认识，明确建设目标和原则，因地制宜，探寻各
自的建设模式和方法，发挥政府、村民、企业和社会各界的作
用，借鉴国外成功的经验的建议。❷

也有研究者在国内外相关研究的基础上，提出了少数民族
特色村寨建设过程评价指标体系。例如，李杰等在总结少数民族
特色村寨建设内涵的基础上，借鉴一般项目建设过程评价体系，
并依据《少数民族特色村寨保护与发展规划纲要（2011—2015
年）》的主要任务，对特色村寨建设实施过程阶段和建设完成阶
段进行指标设计，构建了包括投入水平、产业选择、建设进度、
建设达标率、投资效率5个一级指标，16个二级指标和76个三
级指标的评价体系，旨在准确识别实际建设状况与预期目标的偏

---

❶ 张显伟. 少数民族特色村寨保护与发展的基本原则 [J]. 广西民族研究，2014
（5）：91.
❷ 段超. 保护和发展少数民族特色村寨的思考 [J]. 中南民族大学学报（人文社会科
学版），2011，31（5）：20.

差，制定合理的纠偏策略，以达成建设目标。❶这一完整的评价指标体系使民族特色村寨保护与发展的建设得到了量化考评。

综合分析以上理论研究文献，可以发现理论研究是探寻民族特色村寨保护与发展的指导理论，其既可以是相对宏观的具有普遍意义的指导思想，如李忠斌等的"固本扩边"理论；也可以是阐述民族特色村寨保护与发展所必须坚守的原则，如张显伟的《少数民族特色村寨保护与发展的基本原则》；还可以是将民族特色村寨保护与发展细化为各种定量化、可操作化的指标，用于衡量民族特色村寨保护与发展所取得的成果，检验民族特色村寨保护与发展是否达标，如李杰等的《少数民族特色村寨建设过程评价指标体系研究》。民族特色村寨保护与发展的理论研究不仅关注指导建设的理论探索，还关注在理论指导下开展的民族特色村寨保护与发展活动是否取得了预期的效果，并提出相应的指标进行衡量。

## （六）关于民族特色村寨保护的实践研究

2009 年，民族特色村寨保护与发展的试点工作拉开序幕。2012 年国家民委下发《规划纲要》，民族特色村寨保护与发展工作正式在全国范围内开展，并在 2014 年确定了 1000 座民族特色村寨。自试点工作开始至今，各省市都在开展民族特色村寨保护与发展工作，并取得了一定的实践成果。研究者根据各地民族特

❶ 李杰，苏丹丹，李忠斌 . 少数民族特色村寨建设过程评价指标体系研究 [J]. 广西民族研究，2016（5）：23.

色村寨保护与发展的工作进展、工作成果及存在的问题，进行总结，创造了一批优秀的研究成果。这些研究成果又分为中观层面和微观层面，中观层面是针对某一省的民族特色村寨保护与发展所进行的实践总结，微观层面是针对某一具体民族特色村寨的保护与发展而进行的实践总结。

民族特色村寨保护与发展在全国范围内的开展积累了丰富的实践材料。这些实践为研究者提供了翔实的研究基础，许多研究者针对民族特色村寨保护与发展的实践不断进行总结和反思，对在实践中的成功案例进行系统分析从而升华至理论层面，使之成为具有普遍性的理论原则；对实践中存在的问题和漏洞予以反思和批评，寻找改进措施，并以此作为典型案例为其他民族特色村寨保护与发展的实践提供参考。

### 1. 民族特色村寨保护的地方经验

以省为研究单位的民族特色村寨保护与发展的实践总结是指研究者将研究目光放至整个省的民族特色村寨保护与发展的实践活动，强调民族特色村寨保护与发展的意义和重要性，在归纳成果和分析问题的基础上，提出对策建议。

米娟婷、王平的《少数民族特色村寨文化遗产的建档保护刍议——以甘肃省民族特色村寨保护建设项目为例》一文将研究目光聚焦甘肃省，认为"（甘肃省）在近年来开展的少数民族特色村寨的保护建设中，由于一些地区重发展、轻保护，导致一些民族文化资源遭到破坏。因此，在实施少数民族特色村寨保护建设项目中，相关部门应抓住机遇，积极开展对民族传统文化遗产的建档保护工作，为传承、保护和开发利用民族文化遗产积累档案资源"❶。在详细地分析甘肃省开展民族特色村寨保护与建设的意义之后，两位学者指出了甘肃省开展民族特色村寨保护与建设存在的三点问题，并给出了解决这些问题的三点对策。

王岚的《四川少数民族特色村寨保护与发展现状及对策分析》一文，"根据四川少数民族特色村寨实地调研，较准确地掌握了四川少数民族特色村寨保护与发展工作的实施情况，对该工作取得的成效和经验进行了总结，分析了存在的困难和问题，并提出了解决困难和问题的对策建议，为少数民族地区进一步推进该项工作提供决策参考"❷。刘志宏等的《城镇化进程中少数民族特色村寨保护与规划建设研究——以广西少数民族村寨为例》一文，认为城镇化进程中所伴随的旅游开发、新村寨建设、村民人口流失等因素一定程度上影响了少数民族特色村寨的保护和规划建设，使一些少数民族村寨独有的民族文化逐渐丢失。对此，可通过建设"有时代功能特性的新型村寨""有原始生态机制的自然村寨""有历史记忆的古村寨"和"有民族文化特色的文明村寨"等措施来对少数民族特色村寨进行保护与规划建设。❸吴泽荣的《广东少数民族特色村寨保护与发展的现状与思考》一文认

---

❶ 米娟婷，王平. 少数民族特色村寨文化遗产的建档保护刍议——以甘肃省民族特色村寨保护建设项目为例 [J]. 档案，2016（6）：57.

❷ 王岚. 四川少数民族特色村寨保护与发展现状及对策分析 [J]. 贵州民族研究，2013，34（6）：139.

❸ 刘志宏，李钟国. 城镇化进程中少数民族特色村寨保护与规划建设研究——以广西少数民族村寨为例 [J]. 广西社会科学，2015（9）：31.

为实施民族特色村寨保护与发展工作，有利于改善群众生产生活条件、保护特色民居、培育特色产业、传承民族文化，带动民族地区经济社会快速发展。该文以广东民族地区特色村寨建设为考察对象，总结发展现状，指出存在问题，提出对策建议，力求探索出一条符合广东民族地区实际的发展途径。❶

结合这类以省为研究单位对少数民族特色村寨保护与发展所撰写的文章，可以发现这些文章有着相似的行文逻辑。首先，简要介绍少数民族特色村寨保护与发展的现实背景；其次，强调少数民族特色村寨保护与发展的重要性和意义；再次，归纳少数民族特色村寨保护与发展的成效和成果，指出少数民族特色村寨保护与发展存在的问题；最后，针对这些问题提出对策和建议。

由上述研究成果可知，其衡量少数民族特色村寨的保护往往以村寨特色建筑的保留和重建、村寨特色文化的保护与传承、村寨特色风俗习惯的继承和改进等为主；衡量少数民族特色村寨发展往往以经济因素为导向，着重关注村寨的经济发展和村民生活水平的提高、少数民族特色村寨旅游和少数民族特色村寨特色产业开发与建设；指出少数民族特色村寨保护与发展存在的问题往往从急功近利、急于求成、少数民族特色文化难以延续、基础设施建设不全面、少数民族特色村寨产业建设不够完整等方面入手；提出的对策建议多为发挥村民的主人翁意识，加强政府主导，加强基础设施建设等。

---

❶ 吴泽荣. 广东少数民族特色村寨保护与发展的现状与思考 [J]. 黑龙江民族丛刊，2016（2）：86-90.

### 2. 民族特色村寨保护的案例研究

以某一具体少数民族特色村寨的保护与发展为主进行的实践总结，是指研究人员将视角聚焦于某一正在进行少数民族特色村寨保护与发展建设或已经取得初步成果的少数民族特色村寨，以此村寨为对象进行案例分析，寻找少数民族特色村寨保护与发展的现实模式并进行理论升华。

此外，有的研究聚焦于少数民族特色村寨建设过程中存在的突出问题，并寻找对策建议。例如，有研究者以红河少数民族特色村寨为视点，研究少数民族特色村寨的开发与保护问题。在阐述了少数民族特色村寨保护与发展的现实意义和原则后，一方面列举红河州特色村寨建设的成果，另一方面指出发展中存在的问题并给出对策建议，即"重视立法、有效管理、建立监督检查机制"❶。也有研究者将"社区"和"家园遗产"的观念引入少数民族特色村寨的保护与发展中，认为"作为社区的少数民族村寨，既需要依靠社区建设提高公共服务质量和水平，又需要依托'家园遗产'观念来进行保护与发展"❷。于瑞强的《仫佬族特色村寨建设研究的学术省思与展望》在对广西罗城仫佬族自治县特色村寨建设研究梳理的基础上，结合田野调查，认为其在文化保护传承、建筑文化与空间、产业与资本开发等方面取得了一定

❶ 太星南.边疆民族地区特色村寨保护与发展研究——以红河州特色村寨保护与发展研究为例 [J].改革与开放，2017（10）：112.

❷ 盘小梅，汪鲸.边界与纽带：社区、家园遗产与少数民族特色村寨保护与发展——以广东连南南岗千年瑶寨为例 [J].广西民族研究，2017（2）：111.

成绩，同时也指出了在特色村寨建设研究方面还存有亟待深入的议题，提出了应加强仫佬族村寨特色景观建设，完善仫佬族村寨人居环境综合整治机制，增加仫佬族村寨生态环境测评等方面的建议，旨在探索少数民族特色村寨建设新模式。❶ 王海燕的《少数民族特色村寨旅游开发对文化传承的影响与思考——以川西北桃坪羌寨与上磨藏寨为例》一文以川西北少数民族特色村寨建设为对象，根据理县桃坪羌寨与松潘县上磨藏寨两个特色村寨的田野资料，总结民族特色村寨保护与发展存在的问题，并提出思考和建议，以期为其发展探索出一条符合实际的道路。该文结合"5·12"汶川大地震后村寨出现的"空心化"现象，具体提出了聚拢人、提升人的方案对策。❷

通过以上分析，我们可以发现，当前研究主要是探析民族特色村寨保护与发展的政策背景和现实意义，再以某一具体案例分析少数民族特色村寨建设。这类研究不是笼统地叙述少数民族特色村寨建设的成果和问题，也不是宏观地提出建设方案和办法，而是针对具体的少数民族特色村寨建设的成果和问题，提出具有可操作性的建议。此类文章的成果和问题更为形象，是对具体村寨的描述，问题清晰，对策建议也更为具体和易于操作。但由于这类研究文章的立足点是具体的少数民族特色村寨，因此其总结的成果和发现的问题也只是针对某一村寨而不具有理论上和

---

❶ 于瑞强 . 仫佬族特色村寨建设研究的学术省思与展望 [J]. 广西民族研究，2017（2）：147-152.

❷ 王海燕，蒋建华，袁晓文 . 少数民族特色村寨旅游开发对文化传承的影响与思考——以川西北桃坪羌寨与上磨藏寨为例 [J]. 广西民族研究，2018（2）：105-111.

时间上的普遍性，如西南地区的少数民特色村寨建设的经验，由于地理的、历史的、现实的原因，很难应用于西北地区的少数民族特色村寨建设。

## 二、关于灾后重建的研究

### （一）灾后重建参与主体研究

有研究者强调社工在面对灾区民众缺少物资分配不公平的现状时，必须扮演资源链接者的角色，尽力将最宝贵的资源链接到最需要的人群中。❶有研究者建议通过建构政府与企业对接的相关机制，提升村委会和居委会的独立性，以及发育壮大非政府组织（NGO），从而实现政府、企业、公民力量的有效整合。❷

### （二）灾后重建模式研究

林闽钢、战建华聚焦灾害救助中政府与 NGO 的互动模式，以日本阪神地震、美国卡特里娜飓风灾害救助为个案，分析了自主协作型模式；以中国汶川地震、玉树地震的灾害救援为个案，分析了行政吸纳型模式。❸有研究者则是通过对汶川地震重灾区的景观重建与社区灾后恢复情况的实地考察，认为已有的灾后重建模式是一次大规模的精英文化的实践，其建筑空间体现的是国

❶ 张和清. 社会工作：通向能力建设的助人自助——以广州社工参与灾后恢复重建的行动为例 [J]. 中山大学学报（社会科学版），2010，50（3）：141-148.

❷ 金太军，沈承诚. 论灾后重建中多元治理主体间的互动协作关系 [J]. 青海社会科学，2010（3）：104-108.

❸ 林闽钢，战建华. 灾害救助中的政府与 NGO 互动模式研究 [J]. 上海行政学院学报，2011，12（5）：15-23.

家意志和精英化的文化景观。❶

　　杜枫等人通过对比汶川、玉树的灾后重建模式，并在深入剖析芦山模式意义和内涵的基础上，探索出我国灾后重建模式从"举国援建"到"地方负责制"的新路径，是国家治理体系和治理能力现代化的深化改革。❷

## （三）灾后重建机制研究

　　我国灾后重建存在法律法规不健全、资金监管不到位、地方政府角色缺失、舆论纠错功能滞后、巨灾保险机制不健全等问题，应该从灾后地方政府对口支援的现实入手，不断总结经验教训，不断完善灾后地方政府对口支援模式。❸有研究者以北川县为例，从所有权、用益物权、担保物权三个方面及灾民对部分财产处理的评价进行对比分析，指出了灾后重建过程中物权归属处理存在的问题，从国家所有权、一般物所有权、房屋所有权、土地承包经营权、房贷等方面提出具有针对性的建议。❹

　　灾后重建的法律法规、政府责任体系、灾害补偿制度、社会化援助机制、保险制度等方面存在一些问题，需要加强地方政府应对自然灾害的恢复重建对策研究，重点应建立健全恢复重建

---

❶　谭斯颖.中国模式的灾后重建：精英化的景观改造实践——以汶川地震灾后重建为例 [J].城市发展研究，2016，23（11）：39-44.

❷　杜枫，王广鹏，方煜.治理现代化下的芦山灾后恢复重建模式探索 [J].规划师，2018，34（11）：48-53.

❸　王颖，董垒.我国灾后地方政府对口支援模式初探——以各省市援建汶川地震灾区为例 [J].当代世界与社会主义，2010（1）：131-136.

❹　谢小青，刘云浪.震后重建物权归属处理问题研究——以四川省北川县为例 [J].中国地质大学学报（社会科学版），2012，12（1）：99-103.

的相关法律法规，明确恢复重建中政府各部门职责，拓宽社会力量参与途径；加快保险制度建设的步伐；合理确定损失补偿程序与标准，以及完善心理危机干预机制等。❶

## （四）灾后重建的国外经验

国内学者的研究主要以日本、美国等国家的灾难应对为借鉴。有研究者认为，汶川大地震的灾后重建可借鉴日本坚持科学规划、完善法律法规、建立和健全防震救灾综合管理体系、加强灾区生态环境的修复、建立有效的财政金融支持体系等相关经验。❷也有研究者以日本神户六甲道车站北地区为研究对象，从环境、制度、个体和社会四个方面系统地剖析其提升社区韧性的过程，提出实行土地区划政策、建立多元参与机制、注重灾害管理教育和引入社会住宅的韧性社区建设策略。❸日本先后颁布了《应对激甚（非常剧烈）灾害特别财政援助法律》《防灾基本计划》《大规模地震对策特别措置法》等法律，形成了较为完善的防震抗震体系、应急体系、重建体系。阪神大地震后，日本政府成立了"阪神·淡路复兴委员会"，制定了一系列重建计划，整个重建计划时间跨度为 10 年；分别制定了《紧急复兴三年项目计划》

---

❶ 王晖，唐湘林.地方政府应对自然灾害恢复重建中存在的问题与对策研究——基于湖南若干县（市）的实证分析 [J].湘潭大学学报（哲学社会科学版），2011，35（5）：32-36.

❷ 赵兵.日本灾后重建的经验教训及对我国的启示 [J].西南民族大学学报（人文社科版），2008（9）：33-35.

❸ 梁宏飞.日本韧性社区营造经验及启示——以神户六甲道车站北地区灾后重建为例 [J].规划师，2017，33（8）：38-43.

《后期五年推进项目计划》《最后三年推进项目计划》，第一时间
解决灾区人民的住宅及基础设施问题，明确了各阶段的任务和重
点。美国有较为完善的有关地震灾害的法律法规体系、灾后救灾
应急体系和重建机制。《活断层法》《生命线基础设施抗震设计议
案》等议案提出后，地震灾害减轻计划更加完善。

　　自 1994 年洛杉矶大地震后，美国联邦政府随即制定了国家
减灾战略，着重进行危房排查，消除安全隐患，重视建筑物抗震
设防，统筹全社会力量参与，制定详细的灾后重建预算，确定优
先发展区域，提供就业机会。其在防震设计、基础设施保障、灾
民紧急安置、灾后重建规划、灾后资金筹集等方面，也积累了宝
贵的经验。吕丽莉、史培军以中国 2008 年南方雨雪冰冻灾害与
美国 2005 年卡特里娜飓风灾害的应对为例，基于综合风险防范
的功能视角，比较中美两国在备灾、应急、恢复、重建等四个环
节应对巨灾的共性与差异，指出应结合中国的主动应对模式与美
国的被动应对模式，形成"自上而下"与"自下而上"一体化的
综合巨灾应对模式。❶ 也有研究者通过回顾美国灾害管理的百年
历程，总结其利用城市规划手段防灾减灾的方法，认为中国具有
土地公有制的优越性，应充分利用规划管理的手段来防灾减灾，
提高城市的韧性，促进社会的和谐公平。❷

　　综上所述，国内相关研究呈现以下四个特点：第一，从研

---

❶　吕丽莉，史培军 . 中美应对巨灾功能体系比较——以 2008 年南方雨雪冰冻灾害
与 2005 年卡特里娜飓风应对为例 [J]. 灾害学，2014，29（3）：206-213.

❷　肖渝 . 美国灾害管理百年经验谈——城市规划防灾减灾 [J]. 科技导报，2017，35
（5）：24-30.

究方法上看，灾后重建的相关研究基本以案例分析为主，定量分析相对较少，缺乏定量数据分析；第二，从研究层次上看，从国家和区域层面的宏观性建议较多，对于灾后重建具体保护机制和重建路径的研究较少；第三，从研究内容上看，国内学者围绕灾后重建的主体、模式、灾后重建中的问题并对针对问题提出相应对策、他国的经验借鉴等主题，从概念的理论辨析到地震、雨雪冰冻、飓风等具体的个案分析，从灾后重建的现代模式到少数民族地方知识的运用，都取得了丰硕的研究成果。本书旨在把公共政策执行与灾后重建问题结合起来，通过对灾后重建工作中政策执行情况的具体分析，剖析存在的问题并提出相关的建议，有助于地方政府推动灾后重建工作。

# 第三节　研究思路

## 一、基本思路

本书以问题为导向，围绕民族特色村寨灾后重建和法律保护的问题"是什么—为什么—怎么办"这一进路进行研究，具体分为以下五个步骤。

第一，梳理相关文献，确定研究对象民族特色村寨的概念与类型，确定民族特色村寨的文化特质以及法律保护的意义。

第二，在明确研究对象的基础上，从理论上探讨国家与社会、政府与市场两大关系视阈下社会组织参与民族特色村寨保护的空间与边界，为进一步的调查和研究提供科学的逻辑框架。

第三，根据现有理论初步分析和把握民族特色村寨灾后重建和法律保护存在的问题，并提出核心假设，建构理论分析框架，为研究方法的选择和资料整理指明方向。

第四，在四川等地区选择 10～20 个具有典型代表性的民族特色村寨作为主要观察样本，根据研究问题选择定量或定性研究方法，分析民族特色村寨保护的主要影响因素及其制度障碍所在。

第五，通过上述典型案例的比较分析，以九寨沟震区民族特色村寨为参照组，梳理社会组织参与民族特色村寨灾后重建和保护效果的基本条件和响应机制，进一步分析社会组织参与民族特色村寨保护的主要困境，并根据实际情况，提出科学合理的政策建议。

## 二、研究目的

首先，深入了解九寨沟震区民族特色村寨损毁情况及法律保护方面存在的问题，为地方政府采取应对办法和策略提供决策依据。

其次，探索并完善少数民族特色村寨保护的法律体系，保护和传承我国多样化的少数民族传统文化，助力保护和开发地方特色旅游文化资源。

最后，总结民族特色村寨保护的地方经验，为文化遗产保护立法提供科学依据，促进我国文化遗产保护法律体系的完善，促进相关国内法及地方法规衔接机制的建立。

## 三、研究方法

### （一）价值分析法

价值分析法即分析民族特色村寨保护的人文价值和法律价值。本书认为，民族特色村寨保护要摒弃"人治"思维，转向"法治"思维。这需要分析为什么要对民族特色村寨进行法律保护、应该如何保护及如何实现其功效，而这都离不开价值分析法。

### （二）实证分析法

实证分析法即着眼于当前社会或学科现实，通过事例和经验等从理论上进行推理、说明。通过对国内外灾后重建相关的政策文献和政策执行研究成果的梳理，进行多方面、多角度的分析，形成对灾后重建政策执行各要素的科学认识，进而从已有的研究成果中提炼有借鉴意义的内容。通过明确界定核心概念，梳理理论基础后，进而确定研究的基本思路、方法、目标与研究的主要内容等。在借鉴前人研究的同时，注意差异，即地域的差异与民族的差异，以期拓宽思路，追求理论创新。

本书选取四川阿坝藏族羌族自治州九寨沟县为核心调研区域，辅以四川凉山彝族自治州、黔西南布依族苗族自治州，甘肃临夏回族自治州、甘南藏族自治州，云南德宏州等地作为补充调研点；选取 10 ～ 20 个典型社区进行问卷调查和访谈，掌握相关民族特色村寨保护的一手资料；分析民族特色村寨的类型与管理方面存在的法律问题，检验相关假设，进而全面剖析民族特色村寨灾后重建及保护方面存在的问题，为完善民族特色村寨法律保护制度提供实证依据。通过问卷调查，了解四川藏区民族特色村寨在经济、社会、文化、生态、政治方面的现状及遇到的保护与发展难题。之后运用 SPSS 软件对调查数据进行分析，同时探索四川少数民族特色村寨的发展出路及实现乡村振兴的路径。具体田野调查方法包括以下三种。

一是问卷法。问卷调查的对象主要是九寨沟县 9 个少数民族村寨的村民，9 个少数民族村寨包括荷叶寨、盘亚寨、尖盘寨、树正寨、则查洼寨、扎如寨、荷叶老寨、中查村、漳扎村。通过对 9 个村寨进行调查，了解少数民族村寨保护与发展的现状。问卷调查法能够帮助我们了解村寨在政治、经济、文化、社会、生态保护与发展方面的情况，了解村民对保护与发展村寨工作的知情度、满意度、参与度等内容。

二是访谈法。访谈对象包括乡镇和村寨基层干部，以及村寨村民。一方面，对乡镇工作人员、村寨领导班子成员进行访谈，了解他们的日常管理工作、管理能力与意识以及村寨管理过程中遇到的问题等；另一方面，通过对村民进行访谈，深入了解他们对村寨保护工作的知情度、对村寨基层干部的看法与评价及个人认为村寨保护与发展中的问题与困难等。问卷调查与访谈可以同时进行，也可以分开操作。主要目的是将访谈的内容与问卷进行对比，验证问卷的有效性。同时，通过开展个人访谈，能够深入了解九寨沟少数民族特色村寨保护与发展工作的具体情况。

三是观察法。通过非参与观察的方式，了解民族村寨居民的生产生活方式、村寨管理方式、基础物质条件和社会环境等。一方面，通过观察直接获得有关民族特色村寨的资料，捕捉村寨正在进行的活动、正在发生的现象；另一方面，通过观察法了解村寨的基本情况，补充其他调查方式展开对少数民族特色村寨的研究。

（三）比较分析法

本书从山地与平原、城市与乡村、民族类别差异三个层面对照分析九寨沟震区民族特色村寨灾后重建及法律保护问题的一般性和特殊性。在此基础上，比较不同省区关于民族特色村寨保护方式及效果的异同，总结各省市民族特色村寨法律保护方面的科学经验。

（四）模型分析法

根据史密斯政策执行过程模型和霍恩—米特模型的优势与不足，从政策本身、政策主体、政策客体、政策资源和政策环境五个维度建立分析框架，将九寨沟震区灾后重建政策复杂的执行过程分解为五个因素，并利用该分析框架对影响政策执行过程的五大影响因素及各因素之间的互动关系进行深入探讨和相关性分析。

### （五）语义分析法与逻辑分析法

《中华人民共和国宪法》《中华人民共和国民族区域自治法》《中华人民共和国防震减灾法》《中华人民共和国自然灾害救助条例》《中华人民共和国国家突发公共事件总体应急预案》等法律法规是我国少数民族特色村寨灾后重建及法律保护的基本依据。但是，由于民族区域自治法的纲领性和其他灾后应急条例法律位阶不高及缺乏针对性，导致少数民族特色村寨保护管理存在法律模糊地带。解决少数民族特色村寨灾后重建及法律保护方面的问题，需要对宪法和相关法律所涉及的法律术语进行必要的语义分析和法学逻辑分析，以推动少数民族特色村寨保护的立法进程。

# 第一章

## 基本概念与理论基础

本章先从学理上对"民族"和"少数民族"这两个概念进行梳理与辨析，并以此为基础界定"民族特色村寨"的概念，从而确定研究对象的范围。同时，详细介绍有关民族特色村寨灾后重建与常态保护法律机制研究的基础理论。

## 第一节　基本概念

清晰界定概念是确定研究对象基础和推进研究深入的前提。因此，任何学术研究必须对相关概念进行必要的梳理并界定概念的内涵和外延。只有理解相关概念之间的包含或交叉关系，才能对研究对象的概念予以准确的界定。本书主要涉及"民族特色村寨"与"法律机制"两大概念，而与"民族特色村寨"相关的基础性概念则有"民族""族群"与"少数民族"。本节在对"民族"与"少数民族"概念辨析的基础上，界定"民族特色村寨"和"法律机制"的概念，为研究的进一步深入奠定基础。

## 一、"民族"与"少数民族"的含义

2005 年 5 月 31 日，党中央召开政治局会议并形成对我国民族工作具有战略指导意义的规范性文件——《中共中央、国务院关于进一步加强民族工作加快少数民族和民族地区经济社会发展的决定》（以下简称《决定》），对民族概念作出更为准确、科学的界定。"民族是在一定的历史发展阶段形成的稳定的人们共同体。一般来说，民族在历史渊源、生产方式、语言、文化、风俗习惯以及心理认同等方面具有共同的特征。有的民族在形成和发展的过程中，宗教起着重要作用。"❶

本书采用《决定》中关于民族概念的界定。从这个概念来讲，在中国，是指包括汉族在内的 56 个民族，即汉族和少数民族。相比较于汉族，其他人口占少数的 55 个民族，被称为少数民族。而在中文语境中，"民族"既可以指称国内所有民族，也可以特指少数民族。正是这种歧义性理解的存在，我们需要对"民族特色村寨"的"民族"概念进行界定和说明。

## 二、"民族特色村寨"概念界定

"民族特色村寨"是一个复合型概念，由"民族""特色"和"村寨"三个基础概念组合而构成。从语义学的角度来看，"民族特色"是"村寨"的定语，从逻辑上讲，"村寨"是内涵，"民族特色村

---

❶ 中共中央、国务院关于进一步加强民族工作加快少数民族和民族地区经济社会发展的决定 [EB/OL].（2012-08-10）[2019-05-31].http://cws.seac.gov.cn/seac/zcfg/201208/1071806.shtml.

寨"是"村寨"的外延。

民族特色村寨研究是结合少数民族特色村寨的现实状况,针对少数民族特色村寨的保护与发展,进行的一系列研究,并在此基础上形成的研究成果。本书通过对现有的关于民族特色村寨研究的文献进行梳理,大致将这些研究成果分为两类:第一类是理论研究,第二类是实践总结。而第二类又可细分为中观层面和微观层面。中观层面是针对某一省的民族特色村寨保护与发展所进行的实践总结,微观层面是针对某一具体民族特色村寨的保护与发展而进行的实践总结。

基于"村寨"和"民族"的含义,本书认为,民族特色村寨的概念有广义和狭义之分。广义上讲,凡是具有民族独特风情或特点的村落和村寨,既包括汉族特色村寨,也包括少数民族特色村寨,还包括国外其他民族特色村寨;狭义上讲,仅仅指称国内具有少数民族特色的村寨。2012 年,国家民族事务委员会印发的《少数民族特色村寨保护与发展规划纲要(2011—2015 年)》(以下简称《规划纲要》)对少数民族特色村寨作出明确说明:"少数民族特色村寨是指少数民族人口相对聚居,且比例较高,生产生活功能较为完备,少数民族文化特征及其聚落特征明显的自然村或行政村。"❶ 本书中的"民族特色村寨"与《规划纲要》的界定同义。

---

❶ 国家民委印发少数民族特色村寨保护发展规划纲要 [EB/OL].(2012-12-10)[2019-05-31].http://www.gov.cn/gzdt/2012-12/10/content_2287117.htm?&from=androidqq.

## 三、民族特色村寨的基本特征

### (一)居民主体：村寨居民多数为少数民族

"少数民族人口相对聚居，且比例较高"是民族特色村寨的人口要素，作为重要的限定条件，放置于民族特色村寨定义最开始的位置。某一村寨之所以成为民族特色村寨，首先是因为村寨内居民以少数民族为主。人口作为村寨存在的最基本条件，其年龄结构、民族构成对于村寨具有重要的作用。

村寨的民族构成直接影响着政府对于该村寨的政策制定。对于少数民族村寨，政府不仅要出台相应的政策推动村寨的发展，改善村寨居民的生活状况，完善基础设施建设；还要针对性地安排合理的措施改善少数民族村寨之间及少数民族村寨和非少数民族村寨之间的关系，营造和谐的民族关系。

### (二)功能特征：生产生活功能较为完备

村寨的生产功能是指村寨居民能够熟练使用劳动工具对劳动对象进行劳动，有组织地进行生产活动，创造维持村寨居民生活的物质基础。村寨的生活功能是指村寨的基础设施相对完善，如房屋、道路等生活必要基础设施较为齐全，能保障村寨居民在村寨内生活；村寨内部的行政管理活动在村委的管理下展开，依照法律和当地法规合理有序地规范村寨内部的秩序。总体来说，生产生活功能是指民族特色村寨占有一定的生产资料和生活资料，如人口、土地等，村寨内的居民能够在村寨管辖范围之内从事生产活动，且能持续生活于村寨内。生产生活功能较为完备是指村寨的生产功能和生活功能相对完整，不需要过多地借助行政的力量便能够独立运行。

生产生活功能较为完备是民族特色村寨的经济前提。民族特色村寨为生活于其中的居民提供相应的生产资料，使其能够开展生产活动，维持自身及家庭的生存；村寨确保生活于其中的居民能够安全、有序地开展生产活动，为其提供可靠的生活环境。

（三）文化特质：少数民族文化特征及其聚落特征明显

少数民族因其长期的共同生产生活而形成的独特的民族文化、风俗习惯、宗教信仰、建筑特色、生产方式，是区别于其他民族的主要特征。张显伟认为，"少数民族特色村寨是少数民族优秀传统文化的载体，每一座少数民族特色村寨都蕴含着该少数民族的建筑文化、生存智慧、宗教礼仪、生产工艺、风俗习惯"❶。

聚落特征是指生活于民族特色村寨的居民，呈现出自然聚合或行政聚合的特征。村寨内的居民不是分散而居，而是在一定的地理空间范围之内，或交错而居，或相同民族聚居。民族特色村寨的聚落特征是村寨在保持原有民族特色的基础之上，结合村寨所处的地理环境和文化环境产生的独具特色的村寨形式。

❶ 张显伟.少数民族特色村寨保护与发展的基本原则[J].广西民族研究，2014（5）：91.

# 第二节 民族特色村寨的开发保护理论

## 一、民族特色村寨旅游开发理论

随着中国西部民族旅游的发展，民族特色村寨旅游资源供需关系出现了一定程度的紧张。有学者通过定性与定量分析方法，研究民族特色村寨居民与游客互动对游客观光体验及民族村寨文化遗产保护、开发的影响。[1] 有学者发现，游客与民族特色村寨社区居民的互动影响着游客的观光体验和文化理解，也影响民族特色村寨社区居民的感受和需求。[2]

有研究者通过对贵州省黔东南苗族侗族自治州的三个民族特色村寨进行研究发现，随着民族旅游业的兴起与蓬勃发展，民族特色村寨居民会在生活、心理等方面进行调整，如改变生计方式、接受旅游资源配置。[3]

## 二、少数民族权利保护理论

在政治生活中，少数民族的民主参与会受到少数民族的观念和经历的强烈影响。在民族村寨灾后重建过程中，要重视当地

---

[1] HENDERSON J. Tourism in Ethnic Communities：Two Miao Villages in China[J]. International Journal of Heritage Studies，2009，15（6）：529-539.

[2] SU M M. Tourist-community Interactions in Ethnic Tourism：Tuva Villages，Kanas Scenic Area，China[J]. Journal of Tourism and Cultural Change，2016，14（1）：1-26.

[3] LI Y S, TURNERS, CUI H Y. Confrontations and Concessions：An Everyday Politics of Tourism in Three Ethnic Minority Villages，Guizhou Province，China[J]. Journal of Tourism and Cultural Change，2016，14（1）：45-61.

民族村寨社区的自我复原力和组织能力；应更加理解、认识当地社区的能力及他们采取的有弹性的社会进程，以应对他们在危机期间所经历的负面社会和经济影响。❶

　　国外学者在研究罗姆族时提出，要重点关注他们的异质性与多样性，把语言、文化、经济、社交等方面的"超级多样性"作为新的研究方向。❷有学者认为，少数民族的社会分层和流动性随着时间的推移而逐渐缓慢下来，阶层再生产趋势增强。❸也有学者指出，少数民族的民族认同感被视为凝聚力与成功融入社会的重要指标，少数民族的身份模式的世代变化是连续的一致。随着时间流逝，少数民族的国家认同感会逐渐增强。❹

　　以上是国外关于民族特色村寨保护中少数民族❺权利保护理论，主要集中在以下几个方面：一是从旅游开发角度研究民族特色村寨的社会问题；二是研究民族特色村寨主体的权利及保护；三是从民族学角度研究少数民族的特性。由于中西方文化、社会环境存在差异，国外学者关于民族特色村寨的研究重点侧重于个体的"人"，重视在民族村寨的保护与发展过程中，人们遇

❶ IMPERIALE A J，VANCLAY F. Experiencing Local Community Resilience in Action：Learning from Post-disaster Communities[J]. Journal of Rural Studies，2016（47）：204-219.

❷ TREMLETT A. Making a Difference without Creating a Difference：Super-diversity as a New Direction for Research on Roma Minorities[J]. Ethnicities，2014，14（6）：830-848.

❸ LI YAO JUN. Heath，Anthony，Class Matters：A Study of Minority and Majority Social Mobility in Britain，1982–2011[J].American Journal of Sociology，2016，122（1）：162.

❹ NANDI，ALITA. Patterns of Minority and Majority Identification in a Multicultural Society[J]. Ethnic & Racial Studies，2015，38（15）：2615-2634.

❺ 国外"民族"概念争论已久，本书不作区分，统指少数民族。

到的社会问题、个人的发展权利、个人与整体的特性。国内学者关于民族特色村寨的研究侧重于"物",注重整个民族村寨或者整个少数民族地区的发展,注重民族特色村寨物质文明与非物质文明的传承与开发,进而发掘少数民族特色村寨的价值。

## 三、巴泽尔产权理论

目前为止,国内外关于民族特色村寨研究的主要观点是将民族村寨看作一种特殊的资源。这种资源在内部自组织与向外输送的过程中,面临保护与被保护、发展与被发展的主动与被动双重特性。从经济学角度分析民族特色村寨的开发与保护的问题,最为成功的理论是巴泽尔产权理论,也是本书所应用的理论之一。因此,本书将对该理论的主要内容和核心观点作一必要的梳理。

巴泽尔是西方新制度经济学派的重要代表人物之一,是美国华盛顿大学资深经济学教授,其最负盛名的代表作是《产权的经济分析》❶。在该书中,巴泽尔对产权理论进行了系统性、批判性的分析和总结。巴泽尔产权理论的核心观点或主要思想包括:产权的相对性;产权界定与公共领域的冲突;限制产权的价值。

### (一)产权的相对性

经典的产权理论从交易费用和制度安排关系的角度分析产

---

❶　巴泽尔.产权的经济分析 [M].费方域,段毅才,译.上海:三联书店,上海人民出版社,1997.

权，最为著名的就是未被科斯明确阐述过的科斯定理。科斯定理
最为流行的表述是：首先，在交易费用为零的情况下，不管权利
如何进行初始配置，当事人之间的谈判都会导致资源配置的帕雷
托最优；其次，在交易费用不为零的情况下，不同的权利配置界
定会带来不同的资源配置；最后，因为交易费用的存在，不同的
权利界定和分配，则会带来不同效益的资源配置，所以产权制度
的设置是优化资源配置的基础（达到帕累托最优）。科斯认为，
产权清晰是产权交易和发挥资源配置效益最大化的前提。科斯
"产权界定清晰"的观点几乎成为产权经济学的金科玉律。但是，
巴泽尔却提出了不同的观点。

　　巴泽尔认为，虽然产权界定清晰是市场经济的必要前提，
但是完全清晰界定产权的成本极其高昂，因此，产权是无法界定
清晰的。科斯的产权界定清晰是指产权交易的初始设定，但是，
巴泽尔认为产权并不是仅仅在交易的初始界定之后就停止了，还
需要进一步的交易和界定。产权的交易过程是进一步确定产权的
过程。他认为，"说不管谁拥有权利，只要权利被清楚地界定，
收入就会实现最大化，是毫无疑义的，因为……只有与收入最大
化相一致的权利转让，才能完全清晰地界定产权"❶。巴泽尔认
为，产权的绝对性是一种神话，从来不存在绝对的产权。因为一
方面，商品被视为仅有一种属性的同质实体；另一方面，"经济
权利"与"法律权利"混同，以法律权利绝对化的方式将经济权

---

　　❶　巴泽尔. 产权的经济分析 [M]. 费方域，段毅才，译. 上海：三联书店，上海人民
出版社，1997：75.

利绝对化，是极其错误的。有学者就此指出，"以往的产权文献都假定产权要么存在并得到明确界定，要么就不存在，人们忽略了产权只能部分界定的中间状态，而这种状态才是更为一般的状态。以这种状态为假定的研究才是真正有意义的，巴泽尔对产权的研究就是这样一种研究"❶。

## （二）产权界定与公共领域的冲突

由于商品的属性并非仅限于一种，从商品的多重属性去进行产权的清晰界定存在巨大的困难。巴泽尔认为，需要从区分"经济权利"和"法律权利"入手。"巴泽尔教授是从商品的多种属性入手分析产权界定的困难，并进一步探讨权利的分割，由此深入到公共领域，探讨共同财产问题的学者。这一商品属性—产权分割—公共领域的分析理路，是巴泽尔产权理论的一个独特视角。"❷巴泽尔认为，法院、法律对确定产权或产权界定发挥重要作用，但是，经济生活中大量的私人契约对产权界定也发挥了重要作用。私法领域内的经济活动涉及产权问题，遵从私法自治原则和契约自由原则，如果发生产权纠纷而无法解决时方可诉诸法律，依据法律并由法院作出最终裁定以确定产权归属。

但是，关于产权的确定不仅涉及私人之间，也有可能进入公共领域涉及公众的利益，这就造成商品属性的多元化和公共

---

❶ 刘东. 巴泽尔的产权理论评介 [J]. 南京大学学报（哲学·人文科学·社会科学版），2000（6）：138.

❷ 程民选. 巴泽尔产权理论的独特视角及其现实启示 [J]. 河北经贸大学学报，2014，35（5）：42.

化，使其部分或全部属性的公共化。私人之间也有可能以契约方式确定按份共有，或者某些组织或企业等团体参与产权交易过程时，所涉及的商品产权成为团体财产，这是产权分割或确定过程中面临的公共问题。

### （三）限制产权的价值

正是产权确定的不完全性及私人产权可能对公共利益产生实质危害等问题，巴泽尔认为在某种条件下有必要对产权进行约束，最大可能地发挥其正外部性，限制其负外部性。在现实中，政府对某些商品的产权进行限制也是司空见惯的事情，如个人土地、房产等需要登记才能进行交易，这种不完全的自由交易有利于保护第三方的合法利益。"现实世界中损人利己的机会可以说是数不胜数，人们也总想从'蛋糕'中多切一块，为此付出一些代价也值得。为不使'蛋糕'大大缩小，人们还会想方设法，建立组织，更准确地界定产权，以便'分而啖之'。"❶

私人利益的驱动使产权所有人侵害他人或公共利益具有可能性，因此，限制产权有助于降低交易费用和提高交易安全性。巴泽尔指出，"交易双方为减少勾心斗角、两败俱伤，除了选择计量单位以外，还会规定交易的具体方式"❷。可见，任何产权交易都存在被伤害的可能性，限制产权是维护交易安全的必要手段。

---

❶ 巴泽尔. 产权的经济分析 [M]. 费方域，段毅才，译. 上海：三联书店，上海人民出版社，1997：165.

❷ 同❶160.

# 第三节　政策过程理论

## 一、阶段论

作为政策科学的奠基人拉斯韦尔提出和构建了政策过程阶段论。在《决策过程》一书中，他描述了政策过程的七个阶段，并将它定义为一个"概念图系以便指导人们在总体上了解任何集体行动的主要阶段"❶。这一理论在 20 世纪 70 年代和 80 年代初成为一个有用的分析工具和了解政策过程的基本的甚至是唯一的途径。拉斯韦尔对政策科学的发展产生了很大影响，其主要优势在于将该过程的复杂性划分为优先的各个阶段和子阶段，提出对这些阶段可单独考察，或者根据与其他阶段和政策循环的关系来考察，从而使理解公共政策的制定更为容易。他认为，通过多个案例研究和对不同阶段的比较研究有助于理论建设；另外，也使人们得以考察与一项政策相关的所有行动主体和机构的角色，而不仅仅局限于正式承担任务的政府机构。

学术界随后认可与推崇这一理论，并进一步发展了该理论。到了 20 世纪 80 年代后期，阶段论受到了众多的批评。迈克尔·豪利特认为，这一理论的主要缺陷是，它可能会被误解为建议政策制定者解决公共问题时需要遵循系统的并且或多或少地遵循线性的模式。同时，尽管政策循环的逻辑在抽象层面

---

❶　LASSWELL H D.The Decision Process：Seven Categories of Functional Analysis [M]. Maryland：University of Maryland Press，1956：5.

可能是完善的，在实践中这些阶段则通常会被压缩或跳过，或者并非按照应用性解决问题的逻辑次序展开。此外，该模型缺乏因果关系的观念。它没有指出什么因素或什么人驱动一项政策从一个阶段走向另一阶段，而这一内容对于研究该问题的学者具有重要价值。

## 二、系统论

提出政策阶段或政策周期模型，有助于理解复杂的决策过程。其中，戴维·伊斯顿的系统分析论影响最大。这一理论弥补了拉斯韦尔对政策制定过程的分析只集中于政府内部的决策过程而很少涉及外部或环境因素对政府行为的影响之缺陷。

伊斯顿认为，政治活动可以通过对由许多过程构成的一个系统的分析来理解。政治系统的核心过程是要求和支持的输入。要求包括个人和团体向权威寻求价值的权威性配置所采取的行动。而支持则由投票、对法律的服从和赋税的交纳等行动构成。这些要求和支持输入决策黑箱后，经过一个转换过程，产生输出，这就是权威机构的决定和政策。输出可以与后果区分开来，后果是政策对公民所造成的影响。最后通过反馈，政治系统的输出影响着系统未来的输入。

## 三、过程论

制度分析和发展框架是以埃里诺·奥斯特罗姆为代表提出的一项政策过程理论。制度分析和发展框架是一个多重的概念示意

图，其一部分是确认行动舞台、相互作用形成的模式和结果，并
对该结果进行评估。这一理论认为，依托对某一情境的分析结构
和对行动者的特定假设，分析者便能得出对结果或强或弱的推
论。结果评估有一些具体标准，包括经济效率、融资均衡达成
的公平、再分配的公平、问责制、与普遍的道德的一致性、适
应性。

公共政策学家金登的多源流分析主要讨论了议程的建立和
备选方案的产生问题。他所采用的是对组织选择的科恩、马奇、
奥尔森"垃圾桶模型"的一种修正形式。金登认为，议程的建立
和备选方案的产生存在三条过程"溪流"和一个"政策之窗"。
三条过程"溪流"指问题源流、政策源流和政治源流。问题源流
是指人们对社会公共问题的认知与界定的过程。各种系统性指
标、焦点事件、现行项目的反馈、预算约束等都可能成为识别某
一社会问题的推动因素。政策源流是指人们对解决一定社会公共
问题的目标、方案、途径的对话与协商，也就是政策建议产生、
讨论、受到重视的过程。政治源流是指面对客观存在的社会公共
问题，政治系统的立场、态度及其变化。

社会建构与政策设计框架最初是由施奈德和英格拉姆提出
的。他们认为，如果在基本的公共政策实证要素上没有达成一些
共识，那么在发展理论或革新的研究计划方面就会很困难。基于
此，施奈德和英格拉姆就政策设计在 2009 年提出了九个要素：
问题的定义和追求的目标、分配的利益与责任、目标总体、规
则、工具、执行结构、社会建构、基本原理、潜在假设。政策设

计理论认为，设计的特征来源于政治和社会的过程，并且这些特征又依次流入到随后的政治过程中。

另外，叙事政策框架由迈克尔·D. 琼斯和马克·K. 麦克贝斯提出。该理论认为，个人是根据政策"故事"来理解政策问题的，这个"故事"包括背景或环境、情节和主人公（好人和坏人），以及这个故事的寓意或内涵。琼斯和麦克贝斯提出了几种能进行实证检验的理论假设，分为微观和中观两个层面。微观层面主要基于个人层次，中观层面主要基于群体或联盟层次。叙事政策框架为政策学家提供了一种实证测量的途径，即政策相关信息是如何被政策精英与社会大众传达和解释的，同时也提供了一个关于个人是如何处理政治或与政策相关的信息的新视角。

政策子系统及其超越是政策过程论主要分析层面之一，最近关于政策子系统的研究又发生了一些新的变化，并产生了一些新见解。这些见解主要包括两个方面：一是彼得·梅、乔舒亚·萨博迪克尼和塞缪尔·沃克曼的观点。他们认为政策子系统在重大的外部分裂之后依然保持稳定。这个见解证实了一个长期存在的假设，即子系统是如何带给决策过程稳定性的。二是近来的政策子系统研究开始关注多类型的子系统，这些类型包括整体的、合作的和对抗的子系统。子系统的类型可能都与子系统中联盟的类型直接相关。除此之外，其他新近的研究开始超出在决策当中作为分析层次的子系统的研究范畴，如间断—平衡（PE）、倡议联盟框架（ACF）。以上研究都有一个共同点，即从单一子系统到多子系统研究、从单一的子系统动力学模式到更广泛的政策选择模式、从微观或中观层面到宏观层面的研究。

最近的政策过程研究出现了一个新趋势，即开始综合各种各样的政策过程框架。施拉格认为，在过去的几年里，政策过程理论和比较政策模型之间的相似性越来越明显，以至让人觉得它们在同一"屋顶"下，这个"屋顶"被命名为倡导联盟框架。何塞·雷亚尔·达托则认为，多源流分析框架、间断—平衡理论、倡导联盟框架都可以放入一个综合的解释框架中，而制度分析和发展框架是合并这个综合框架的理论"基线"。把制度分析和发展框架放入一个其他的结构性框架中，这些框架说明了政策过程中制度的重要性，并且允许多层次分析。何塞·雷亚尔·达托认为，综合框架将合并政策变化的三种机制：内生变化、冲突扩大和外生影响。继他们的研究之后，学者们开始关注将各种各样的理论和框架合并到一个有价值的统一框架中，这将有利于学者们利用各种框架累加知识。

总体而言，近年来西方学术界关于政策过程理论的研究主要呈现两大转变：研究范式从作为一门统一的社会科学范式到作为一门应用性社会科学的政策科学范式转变，即从政策科学范式到政策分析范式转变；研究途径从单一的阶段研究到多元、多维度研究。另外，也呈现以下三个特点：一是研究价值从管理主义向宪政主义转变，并且越来越强调公平、公正的公共行政精神，如将志愿组织或非营利组织作为政策过程理论中的重要组成部分来研究；二是研究方法的不断创新和应用，如把叙事研究应用到政策过程理论研究中来；三是研究内容逐渐走向综合，研究内容贯穿了微观、中观和宏观三个层次。

## 四、国内政策过程理论发展

### （一）发展阶段

通过梳理我国学术界关于政策过程及其理论研究的大致脉络，可将政策发展过程大致分为两个阶段：萌芽阶段和探索阶段。

### 1. 萌芽阶段：20世纪八九十年代

在萌芽阶段，国内学者还没有自觉地在学理上提出政策过程理论，这与我国政策科学研究水平还处于较低层次及政策过程理论研究本身不成熟密切相关。国内学者在这一时期主要在自发的意识状态下研究政策过程，因此在观念、内容和体例上要么遵循科学社会主义理论或马克思主义理论，要么遵循西方传统的政策过程理论，即拉斯韦尔提出的"政策过程阶段论"，且仅仅停留在对政策过程相关概念和其他相关知识、理论的研究上，属于零散的和低层次的研究。在这一阶段中，研究又可细分为两个层次：第一，学者们在马克思主义理论的指引下，以科学社会主义理论为原理论来认识政策过程问题，如王捷文和石磐生主编的《马克思主义政策学》。第二，学者们在拉斯韦尔的"政策过程阶段论"的影响下思考政策过程问题。代表人物和作品主要有张金马的《政策科学导论》，兰秉洁、刁田丁的《政策学》，陈庆云的《公共政策分析》，张国庆的《现代公共政策导论》等。

### 2. 探索阶段：21世纪初至今

在这一阶段，政策过程理论经历了从无到有、从隐性到显性、从被动地受影响的自发性到主动研究的自觉性、从概念引进到逐步阐释再到探索创新的发展过程。这一阶段的著作有胡宁生的《现代公共政策研究》、陈振明的《政策科学》《公共政策分析》《政策科学——公共政策分析导论》、宁骚的《公共政策学》、谢明的《公共政策导论》、张金马的《公共政策分析：概念过程方法》等。在这一时期，宁骚提出了自己所构建的"上下来去"的政策过程模型。这一模型是在抛开西方的完整理论模型及经验事实和价值观念，借助于两种资源的基础上发展和构建的。这两种资源是理论和公共政策的经验认识。总的来讲，宁骚可以说是国内最早的一位基于中国经验构建政策过程理论模型的学者，这一理论模型的提出具有重要的现实意义和理论意义，为其他学者的研究提供了一种启示和思路。

总体而言，我国对政策过程理论研究和发展的轨迹，是从无到有、由浅入深的过程。国内学者不仅开始认识和了解政策过程理论，而且逐步深入，甚至大胆地构建出了基于我国经验事实的理论框架，但是仍需在借鉴他国的先进理论成果的基础上构建本土化的政策过程理论。

我国对于政策执行的问题研究起步较晚，差不多在20世纪90年代中期才出现了研究政策执行问题的文献。在2007年党的十七大报告中，胡锦涛明确指出要"加快行政管理体制改革，建

设服务型政府"，"要形成权责一致、分工合理、决策科学、执行
顺畅、监督有力的行政管理体制"。这充分说明了政府部门对政
策执行的重视。虽然我国政策执行研究起步较晚，但是通过将近
30 年的研究还是积累了一定的成果。作为危机处置环节的灾后
重建之于灾难应对本身的重要性，决定了其在学术上的重要性。
自 2008 年汶川大地震以来，国内学术界掀起了灾后重建研究热
潮。关于灾后重建的研究主要从四个方面展开：灾后重建的主
体、灾后重建的模式、灾后重建的问题及解决对策、灾后重建的
经验借鉴。

## （二）关于政策执行中问题的研究

### 1. 政策执行目标

政策执行中存在问题即政策没有有效地执行，反映出来就
是政策的最终效果没有达到政策的预期目标。丁煌认为，政策执
行过程中各种消极因素相互作用、凝聚合流，妨碍政策顺利实施
乃至造成政策执行过程停滞不前，主要表现为政策执行表面化、
政策执行局部化、政策执行扩大化、政策执行全异化和政策执行
停滞化。❶ 张丽媛认为，我国地方政府在政策执行中存在的问题
首先是执行失真，对政策只是表面传达，未及时开会探讨，组织
研究；其次是执行乏力，盲目机械执行，没有与其地方实际情况
结合，缺乏创新；最后是执行低效，有的地方政府部门找理由找

---

❶ 丁煌．我国现阶段政策执行阻滞及其防治对策的制度分析 [J]. 政治学研究，2002
（1）：28-39.

困难逃避执行，有的地方政府部门存在依赖和惰性心理。❶姚松
强调了执行过程中出现的政策机械式执行、选择式执行、敷衍式
执行及寻租式执行等一系列阻滞问题。❷

### 2. 政策执行效果的影响因素

国内学术界认为影响政策执行的因素主要集中在利益、制
度、执行主体、资源、环境几个方面。丁煌从利益视角、行为视
角、制度视角方面分析了影响政策有效执行的几个因素。❸有研
究认为，政策问题的性质、政策对象行为的多样性、政策对象人
数及其行为需要调适量也直接影响政策的有效执行。张丽媛认
为，影响政策有效执行的原因有三点：一是地方政府执行理念缺
乏、执行责任心不强、执行意识淡薄；二是执行资源的短缺，主
要是政治资源、信息资源、人力资源的缺乏；三是地方与中央存
在利益冲突时，存在"上有政策，下有对策"现象。❹英明、魏
淑艳认为，公共政策执行在错综复杂的府际关系中完成，受府际
关系的作用和影响，府际关系的诱导、约束和能力三个要素决定
并深刻影响公共政策执行。❺陈辉、陈讯认为，政策执行的影响

---

❶　张丽媛. 公共政策执行中资源短缺问题的对策研究 [J]. 经济研究导刊，2012
（11）：153-154.

❷　姚松. 教育精准扶贫中的政策阻滞问题及其治理策略 [J]. 中国教育学刊，2018
（4）：36-41.

❸　丁煌. 我国现阶段政策执行阻滞及其防治对策的制度分析 [J]. 政治学研究，2002
（1）：28-39.

❹　于晴，张毅. "上有政策、下有对策"的生成机制与改进路径 [J]. 人民论坛，2020
（29）：46-47.

❺　英明，魏淑艳. 府际关系：公共政策执行的关键变量 [J]. 广西社会科学，2017（12）：
123-128.

因素与个别政策适应性弱、基层干部政策执行的策略主义和农户的机会主义有关。❶付超认为，影响公共政策精准性的要素主要有政策主体、政策客体、政策目标、政策工具等。❷秦枫主要从政策执行的环境、配套政策、影响执行效果的直接因素与深层因素等方面进行分析。❸

### 3. 政策执行对策探讨

学者们主要通过对影响政策执行因素的分析提出改善政策执行偏差的方法。丁煌分别从优化主体行为和加强制度建设两个方面探讨政策执行阻滞机制的防治对策：一是要促进主体对政策的认知，并且增强他们的政策认同感，同时通过计划、引导，因地制宜改进主体的政策执行方式。二是在制度建设方面，要健全科学民主的决策制度，通过完善政策评估制度和推广决策听证制度从根本上提高政策制定水平；改进行政职权的配置制度，通过完善行政组织间的职权分配避免职能配置的交叉重叠；完善现行的干部管理制度，健全行政责任并落实民主任用制；强化政策执行的监督制度，增强执行中的透明度并强化国家权力机关的监督职能；增加意识形态资本的投入，即加强对政策执行主体的软约束力。❹吴锦旗等提出在政策执行过程中，要对利益集团进行控

❶ 陈辉，陈讯. 精准扶贫实践中的政策执行偏差及其调适 [J]. 中共福建省委党校学报，2018（9）：86-92.

❷ 付超. 公共政策精准性的影响要素与提升对策 [J]. 领导科学，2018（21）：16-18.

❸ 秦枫. 文化科技政策执行效果影响因素研究——基于解释结构模型分析 [J]. 安徽师范大学学报（人文社会科学版），2019，47（1）：108-115.

❹ 丁煌. 我国现阶段政策执行阻滞及其防治对策的制度分析 [J]. 政治学研究，2002（1）：28-39.

制与调试，尽可能采纳利益集团的有效建议和意见，充分吸收和利用利益集团中的人力、物力和财力资源，发挥其对政策执行的影响。同时要整合公共利益和私人利益，通过协商对话、平等交流、求同存异取得共识。❶ 姚松提出可从引导各主体内化与认同政策、优化制度设计与供给、强化和完善监督网络体系等方面解决政策执行中的问题。❷

　　总体而言，国内学术界关键政策执行的研究从时间上看起步较晚，但从研究内容上看，在政策执行的问题、影响因素及解决对策等方面取得了较为丰硕的成果；从研究领域方面看，主要集中于文化、教育、科技、经济、医疗等领域的政策执行研究，对灾后重建政策执行方面的研究较为薄弱，有待于进一步深入、系统的讨论。

## 第四节　灾后重建理论

　　近年来，灾后重建理论主要涉及灾后重建的模型、政策研究、灾后重建的重点、灾后重建影响因素和灾后重建的经验五个方面。

---

❶　吴锦旗，陆秋林，秦广东 . 公共政策执行过程中的障碍性因素分析 [J]. 湖北社会科学，2008（3）：26-29.

❷　姚松 . 教育精准扶贫中的政策阻滞问题及其治理策略 [J]. 中国教育学刊，2018（4）：36-41.

## 一、灾后重建的影响变量

吕多维克❶、瓦哈瓦蒂❷重点强调受损住宅与建筑的恢复。伊奇诺斯通过对日本淡路岛历史变迁的个案研究，强调基础设施恢复重建的重要性。❸乔杜里研究了尼泊尔卫生部在联合国机构和其他若干组织的支持下，为受到 2015 年 4 月尼泊尔大地震影响的 140 万妇女和少女提供医疗健康帮助的案例，强调了灾后性健康和生殖健康的需求不容忽视。❹梅尔分析了 2010 年智利发生的地震对教育机构的影响，强调教育机构灾后重建的必要性与重要性，因为学校教育机构不仅是一个聚集场所、庇护所，而且是进行风险和灾害管理教育的重要媒介。❺亨特分析了灾难对市场交易的影响，表明市场混乱的规模和性质远远超出了直接的物理破坏；政府、生产者、贸易商和消费者的集体和个人反应有可能使市场的负面影响扩大，他强调危机后重建市场稳定性是长期

❶　DI LUDOVICO M, PROTA A, MORONI C, et al. Reconstruction Process of Damaged Residential Buildings Outside Historical Centres after the L'Aquila Earthquake: part II—"Heavy Damage" Reconstruction [J]. Bulletin of Earthquake Engineering, 2017, 15(2): 693-729.

❷　VAHANVATI M, MULLIGAN M.A New Model for Effective Post-disaster Housing Reconstruction : Lessons from Gujarat and Bihar in India[J]. International Journal of Project Management, 2017（35）: 802-817.

❸　ICHINOSE T. Green Infrastructure in Reconstruction After the 2011 Earthquake and Tsunami : A Case Study of Historical Change on Awaji Island in Japan [M]// WANG L Y, GALLOWAY W. Rethinking Resilience, Adaptation and Transformationina Time of Change. Berlin: Springer International Publishing, 2017 : 253-265.

❹　CHAUDHARY, PUSHPA, GIULIA VALLESE, et al. Humanitarian Response to Reproductive and Sexual Health Needsina Disaster : The Nepal Earthquake 2015 Case Study[J]. Reproductive Health Matters, 2017, 25（51）: 25-39.

❺　MAYER, LILIANA. Schooling System, Earthquakes and Beyond the Chilean Experience of 2010[J]. Iberoa Mericana, 2014（55）: 147-62.

经济复苏的关键步骤之一。❶

塔利亚科佐强调政府与公民（G2C）的交流和社交媒体对灾后重建的重要影响；❷斯塔拉奇以意大利城市米雷托为例，突出了城市规划对于灾后重建的影响作用。❸卡玛尼伯德在实地调查的基础上，采用分层抽样的概率方法选择186户的目标群体，其研究结果表明对新房的积极情绪表达与灾后重建参与程度之间存在显著的相关性。❹拉布通过借鉴肯尼斯休伊特的灾难理论重点关注灾害应对中经常被忽视的社会和文化方面。谢勒通过分析2010年的海地地震，强调了"孤岛效应"、空中探测技术和地理信息系统对于灾后重建的重要影响作用。❺

## 二、灾后重建的理论模型

关于灾后重建的理论模型主要有两大观点。一种是以哈斯、凯兹和博顿为代表的线性动态模型，他们在《灾后重建》一书中

---

❶ HUNTER, JANET. Extreme Confusion and Disorder? The Japanese Economy in the Great Kantō Earthquake of 1923[J]. The Journal of Asian Studies, 2014, 73（3）: 753-773.

❷ TAGLIACOZZO S, MAGNI M. Government to Citizens（G2C）Communication and Use of Social Media in the Post-disaster Reconstruction Phase[J]. Environmental Hazards, 2017 （8）: 1-20.

❸ STELLACCI S, GEREMIA F, PAGANO E, et al. Urban Planning and Building Reconstruction of Southern Italy after the 1783 Earthquake: The Case of Mileto[M]// Historical Earthquake-Resistant Timber Framing in the Mediterranean Area. Springer International Publishing, 2016.

❹ KAMANI-FARD, ASAL, MOHD HAMDAN AHMAD, et al. Sense of Home Place in Participatory Post-Disaster Reconstruction[J]. Journal of Environmental Assessment Policy and Management, 2013, 15（1）: 1-21.

❺ SHELLER, MIMI. The Islanding Effect: Post-disaster Mobility Systems and Humanitarian Logistics in Haiti[J]. Cultural Geographies, 2013, 20（2）: 185-204.

提出，灾后恢复重建包括四个阶段：①紧急应变，包括清除障碍、提供临时住房和搜救；②公共服务的恢复（电力、水和通信）；③资本存量的重建或重置到灾前水平；④促进地方发展与经济成长的初步改善和发展式重建。另一种是以鲁宾为代表的非线性动态模型。她认为这个四阶段模型或许过于简化，她发现这四个阶段实际上并不是线性程序，反而有交互进行的状况，甚至不同的重建地区具有执行重点的差异。另外，还有少数学者提出了不同于他们的观点，如斯蒂芬妮把灾后重建看作一个不确定的过程，这一过程中各种社会矛盾交织作用，重建结果受决策过程的社会矛盾所影响，并由主导机构的能力决定。

## 三、灾后重建的政策过程

奥米德瓦重点关注了伊朗巴姆地震后住宅和商业部门的重建管理政策；❶马坦尔通过描述和分析 2011 年之前人口迅速老龄化和萎缩地区的重建规划，强调自然地理和人文地理环境对于定居点的双重作用，并对其灾后重建政策进行了分析；❷威廉福德选取了摩洛哥阿加迪尔为研究区域，重点关注了其地震后的重建政策。❸

❶ OMIDVAR B，ZAFARI H，DERAKHSHAN S. Reconstruction Management Policies in Residential and Commercial Sectors after the 2003 Bam Earthquake in Iran[J]. Natural Hazards，2010，54（2）：289-306.

❷ MATANLE P. Post-disaster Recovery in Ageing and Declining Communities：the Great East Japan Disaster of 11th March 2011[J]. Geography，2013，98（2）：68-76.

❸ WILLIFORD D. Seismic Politics：Risk and Reconstruction after the 1960 Earthquake in Agadir，Morocco [J]. Technology & Culture，2017，58（4）：982-1016.

　　1973 年，普雷斯曼和韦达夫斯基对美国联邦政府创造就业机会的政策项目"奥克兰计划"进行跟踪研究，写成《执行：华盛顿的伟大期望是如何在奥克兰破灭的》一书，掀起了一场政策执行的研究热潮。

　　按照戈金等人的划分，西方政策执行的研究大致可以划分为三个时期。在 20 世纪 70 年代之前，政策执行研究基本没有受到什么关注，有关政策执行过程的知识较少被人认识，第一代政策执行研究在如此薄弱的基础上起步。主要代表人物有德茨克、普雷斯曼和韦达夫斯基及巴达克等，他们主要关注如何把政策转变为实际效果，实现既定的政策目标。

　　由于理论提炼和总结不是第一代政策执行研究的核心内容，第二代政策执行研究弥补了其缺陷，主要以马兹曼安和萨巴蒂尔、霍金和波特等人为代表。第二代政策执行研究认识到政策执行会随政策执行时间、政策类型及政策执行机构的不同而变动，侧重于促进和阻碍政策执行的变量因素分析，形成了分析政策执行过程的多样化视角。

　　第三代政策执行研究路径在 1990 年代初期被戈金等人所提出。与前两个时期的执行研究相比，第三代政策执行研究力求科学性，主要把理论构建及其有效性建立在更加严谨的科学分析、定量分析和假设验证基础之上。第三代政策执行研究对政策执行过程的复杂性有着更为深刻的认识，强调运用包括网络分析、内容分析、社会试验、回归分析等研究方法在内的多元研究方法，通过跨区域的、历史性的多案例研究来捕捉政策执行过程的动态，验证所提出的理论假设。

西方学者在政策执行研究方面持有不同的研究视角，提出了大量模型、理论及政策建议，展示了这一研究领域的广泛性和研究方法的丰富性。国外政策执行研究方面的优秀成果也可以为本书提供理论支撑和指导。

# 第二章

## 震区民族特色村寨灾后重建概况

九寨沟县位于四川省北部高原，阿坝藏族羌族自治州东北部。九寨沟震区人口 8 万左右，其中藏、羌、苗、回等少数民族人口为 2.6 万人。九寨沟县经济支柱产业是以九寨沟风景名胜区为依托的旅游业，另一特色产业是与旅游业相互扶持的民族特色文化产业。九寨沟震区民族特色村寨以藏族村寨为主，还有苗族、羌族村寨等少数民族特色村寨。

# 第一节　九寨沟民族特色村寨的主要特征

## 一、经济特征

### （一）村寨间经济发展不均衡

民族特色村寨的自然资源、历史文化资源越丰富，村寨的经济发展水平就越高。与中查村、漳扎村相比，九寨沟内的民族特色村寨自然文化资源更加丰富、资本更雄厚。与此对应，其在发展旅游业、文化产业时，盈利更可观。2016 年，九寨沟内少数民族村寨的年人均收入为 2 万 ~3 万元，远远超过九寨沟其他少数民族村寨村民年均收入，甚至超过九寨沟县城镇居民人均收入。

与其他村寨相比，九寨沟内的民族特色村寨具有鲜明的景观特征和发展优势。九寨沟具有无可比拟的优美自然风光，是世界级自然文化遗产，优越的自然条件加上后期规划和大力宣传，使其成为九寨沟县乃至阿坝州的"活招牌"。经济发展的同时，环境问题逐渐凸显。为了解决九寨沟内环境污染问题，保持九寨沟原有的古朴村寨风貌，九寨沟景区管理局将景区内的居民经营活动迁至沟外，这导致沟内居民的直接收入减少。此外，由于观光风景与体验风俗在时间、空间上被剥离开来，体验的附带性被大大削弱，沟外民族节目演出、民俗活动体验、民族特色产品销售的附加收入也未得到提高。从客观上讲，由于地理地形条件的限制，九寨沟民族特色村寨发展旅游业对周围民族特色村寨的连带作用非常有限。在公共交通巴士每天车次有限、缺乏私人交通工具而需要考虑出行成本的情况下，游客一般会选择游览更有知名度、有直达公共交通工具的景点——黄龙，而非其他文化习俗类似、景观名气较次的民族村寨。因此，资源丰富、知名度高的民族特色村寨，其经济收入较当地其他民族村寨高。

民族特色村寨的治理与景区的管理高度重叠在一起。管理局在大力发展民族特色村寨旅游业的同时，参考《阿坝藏族羌族自治州九寨沟风景名胜区管理办法》《阿坝藏族羌族自治州非物质文化遗产保护条例》《四川省世界遗产保护条例》等法律法规、规章制度进行民族特色村寨建设。九寨沟景区在政府和社会的保护和开发下，建立了行、娱、购一体的综合配套设施，既为发展民族村寨旅游业提供了物质保障，又方便了村寨居民的日常生活。

自然资源、组织、制度体系等优势资源汇聚在九寨沟民族特色村寨。政府的重视与大力开发使九寨沟迅速得到发展，其以一个景区的力量支撑起九寨沟县的财政收入，大大提升了九寨沟村寨居民的收入与生活水平。九寨沟民族特色村寨的发展体现了优势积累的"马太效应"，政府的支持与社会关注帮助九寨沟民族特色村寨发展起来，九寨沟拥有的资源优势、知名度和发展成就反过来又进一步吸引政府和社会的扶持与投入。与当地其他民族村寨相比，九寨沟民族特色村寨的发展红利高出很多，但也存在村寨间发展不平衡、贫富差距大的问题。因此，需要统筹资源、合理规划、先富带动后富，促进地区整体协调发展。

## （二）产业发展基础薄弱

四川藏区的第一、第二、第三产业发展多依靠当地的自然资源，但是自然资源的开发利用具有固定性、有限性、脆弱性等特征，容易受到自然灾害、投资开发等因素的限制。四川藏区的高山高原地形及高原气候不适合发展规模化、集约型农业，因此除了家庭耕种农作物外，政府部门积极引导村民发展特色农业。然而，高山高原的地理地形使农作物、农产品产量有限，加上地理条件等方面的限制，农产品的存储运输、加工、销售等环节十分薄弱。

工业、旅游业的发展也受自然资源禀赋的限制。当自然灾害发生时，当地的产业发展会遭受不同程度的影响，若是大型地质灾害，对整个产业的发展就是灭顶之灾。自然灾害包括气象灾害、水文灾害、地质灾害、生物灾害等；气象灾害包括干旱、冰雹、寒潮等；水文灾害包括洪潮、海啸等；地质灾害包括地震、滑坡、泥石流等；生物灾害包括虫灾、森林农作物灾害等。对四川藏区自然资源开发利用影响最大的是地质灾害，常见的有地震、滑坡、泥石流、山体塌陷。四川藏区对自然资源的依赖程度使其在面临突发自然灾害时，在政治、经济、社会等方面的发展都遭受巨大风险。

### （三）以第三产业为主

九寨沟少数民族特色村寨的空间地理分布特点，决定其旅游业与文化产业是特色产业。部分民族特色村寨以民族文化为底蕴，依托九寨沟旅游业，依靠传统民俗风情表演、民族特色观光、提供民宿、销售民族特色手工艺品等方式增加收入。总体而言，九寨沟民族特色村寨的产业是以第三产业为主，主要是通过乡村旅游品牌带动，以旅游经济带动相关产业的发展。

当前，国内旅游产业发展模式主要是以乡村旅游产业资源为基础，针对旅游市场需求，开发相应的旅游供给产品。从产业要素角度来看，"乡村旅游的产业要素应包括初级要素（乡村旅

游所需的自然和文化资源禀赋）、高级要素（乡村旅游所必须的
餐饮等专门设施和技术等）、专门要素（旅游规划、设计和管理
等专业知识与技能）和一般要素（乡村旅游运行所必须的交通、
通讯等公共服务设施等）"❶。九寨沟的产业分布特点基本上是从
乡村旅游产业的初级要素和高级要素市场相结合，注重深化细分
涉及第一产业和第三产业的旅游产品市场。

## 二、文化特征

九寨沟县内 2.6 万少数民族人口中藏族占绝大多数。藏语、
汉语是九寨沟民族特色村寨各民族的通用语言。受地理条件限
制，民族村寨规模较小，一般在 100 ～ 200 户。目前，四川省共
有 55 个少数民族特色村寨进入国家民委命名的"中国少数民族
特色村寨"名单。其中，九寨沟县入选的是漳扎镇隆康村和大
录乡大录村。大录村位于九寨沟县西北部，距县城 99 千米、九
寨沟口 65 千米，是距离九寨沟县城最远的一个贫困村，道路崎
岖，交通不便。该村地处岷山地带，属高寒地区，海拔 2478 米，
年均气温 7.2℃，无霜期 130 天。全村共 122 户 520 人，建档立
卡贫苦户 35 户 114 人。群众主要收入来源为外出务工，畜牧养
殖，种植青稞、玉米收入，以及退耕还林、草原奖补等政策性收
入。❷

九寨沟区内生物多样性丰富，物种珍稀性突出，以高山湖

---

❶ 邓维杰，何海燕，朱淑婷. 乡村旅游精准扶贫的困境与对策 [J]. 农村经济，2017
（12）：44-49.

❷ 该数据由大录村委会提供。

泊群、瀑布、彩林、雪峰、蓝冰和藏族风情并称"九寨沟六绝"，被世人誉为"童话世界"，号称"水景之王"。九寨沟还是以地质遗迹钙化湖泊、滩流、瀑布景观、岩溶水系统和森林生态系统为主要保护对象的国家地质公园。2017 年 8 月 8 日九寨沟发生 7.0 级地震，对九寨沟自然景观破坏严重，但是通过政府和有关部门积极的灾后重建与修复，九寨沟地震受损自然景观在逐渐恢复，并且随着地震带来的地质变化，一系列如双龙湖瀑布等新型景观也在逐步产生。

## 三、空间特征

九寨沟县民族特色村寨多建在山地之间或峡谷地带。最为著名的九寨沟风景名胜区便是因为其沟内错落分布着 9 个藏族村寨而得名。从地理空间上看，九寨沟县处于中国第一级阶梯和第二级阶梯❶的联结地带，位于青藏高原的边缘。从文化空间上看，其是藏羌彝走廊的边缘地带，自古就是汉藏羌等各民族交往交流交融之地。

各村寨依山而建，建筑体现藏族民族风格与特色。民族特色村寨坐落在山谷两侧，山体坡度大，道路起伏大，村民房屋错落修建。九寨沟在 1949 年后成为国家林场，其自然风光未被世

---

❶　我国西部海拔高，东部海拔低，陆地地势可划分为三级阶梯。第一级阶梯处于三级阶梯的左部，含青藏高原与柴达木盆地两部分，位于昆仑山、祁连山之南、横断山脉以西，喜马拉雅山以北，平均海拔 4000 米以上。第二级阶梯处于三级阶梯的中部，含内蒙古高原、黄土高原、云贵高原、准噶尔盆地、四川盆地、塔里木盆地六大部分，位于祁连山、横断山脉之东，大兴安岭、太行山脉、巫山、雪峰山以西，昆仑山脉以北，平均海拔 1000～2000 米。

人所知。20世纪70年代，其成为自然保护区，80年代成为风景
名胜区。其空间结构功能由林业生产功能转化为生态功能，又转
化为人与自然和谐相处的旅游功能。发展民族旅游的过程中，民
族特色村寨作为独特的人文景观、习俗文化的物质载体和旅游资
源，促进了民族旅游资源转化为经济利益，进而发展改善民生。
处于旅游功能空间的民族特色村寨为了吸引游客发展旅游经济，
开始以游客为中心进行自我"商品化"。这便是九寨沟旅游风景
名胜区民族特色村寨复杂的空间特征。

## 第二节　样本选择与问卷分析

### 一、调查问卷介绍

中共中央、国务院在《乡村振兴战略规划（2018—2022年）》
中提出乡村振兴具体的"工作规划指标"，并提出了乡村振兴战
略"产业兴旺""生态宜居""乡风文明""治理有效""生活富裕"
的总要求（也称"二十字"总要求）。根据"工作规划指标"和"二十
字"总要求，参考经济基础与上层建筑的内涵，结合查阅的有关
民族特色村寨开发利用方面的文献资料，本书将调查问卷分为
经济发展水平、社会发展状况、文化保护状况、生态环境现状、
政治治理水平五大维度，具体考量村寨保护的10个具体指标
（表2.1）。

表 2.1　问卷分析维度表

| | 维度 | 指标 |
|---|---|---|
| 村寨保护情况 | 经济发展水平 | 资源要素具备量 |
| | | 政府扶持力度 |
| | 社会发展状况 | 公共产品供给水平 |
| | | 劳动力资源量 |
| | 文化保护状况 | 文化开发与利用状况 |
| | | 文化保存度 |
| | 生态环境现状 | 政策知情度 |
| | | 生态破坏程度 |
| | 政治治理水平 | 村干部素质与能力 |
| | | 村民自治程度 |

## 二、调查对象及问卷发放

九寨沟景区内 9 个藏族特色村寨（其中搬迁合并 3 个村寨，新建 1 个村寨，实际为 7 个）共有 357 户，本书对 357 户中的 140 户居民进行了抽样访谈与问卷调查，发放问卷 140 份，回收问卷 125 份。访谈 10 户居民及 3 位村干部。同时，为更好地比较沟内沟外发展情况，本书对沟外中查村 30 户村民、漳扎村 40 户村民进行了问卷调查，分别回收问卷 27 份和 36 份。通过发放问卷和个人访谈了解沟内沟外居民的生活情况、发展意愿与村寨保护现状及困境。本次调查研究，一共发放了 210 份调查问卷，并回收了有效问卷 188 份，问卷的回收率为 90%。

## （一）调查方式

本书通过采取多种抽样调查方法结合使用的方式展开问卷调查工作。首先界定总体调查对象，之后制定抽样框，确定抽样调查的范围和结构。通过采用整群抽样的方式，将调查对象锁定在九寨沟县内。利用分层抽样，确定抽样样本分布在 3 种不同类型的 9 个少数民族特色村寨中。在 9 个少数民族村寨（包括藏族特色村寨）共 357 户村民中，通过随机抽样选取 188 户村民作为实际抽样样本，随后展开问卷调查，同时随机选取 20 户村民作为访谈对象展开访谈调查。

## （二）调查信度

信度即可靠性，是指使用不同的指标和工具测量同一变量所得结果的一致性。最常用的是 Alpha 信度系数，信度系数的范围在 $0 \sim 1$，如果 $\alpha$ 值在 0.9 以上，说明量表的可信度非常高；如果 $\alpha$ 值在 $0.7 \sim 0.9$，说明量表具有一定的信度，可以接受；如果 $\alpha$ 值小于 0.7，说明量表的可信度一般，需要进行修正。通过用 SPSS 软件对调查问卷的主观题进行整体和多维度检测，得出的 $\alpha$ 信度系数大于 0.7，即量表的信度可以接受，具有一定的可靠性，如表 2.2、表 2.3 所示。

表 2.2　案例汇总

| 类目 | 数量（份） | 百分比（%） |
|---|---|---|
| 有效 | 188 | 100 |
| 剔除 | 0 | 0 |
| 总计 | 188 | 100 |

注：过程中所有变量按列表删除。

表 2.3　可靠性统计

| 克朗巴哈系数 | 标准克朗巴哈系数 | 项数 |
|---|---|---|
| 0.842 | 0.862 | 25 |

## （三）调查效度

效度即有效性，是指所使用的测量工具和设计的指标能够正确得出测量目的和测量特性的正确率。效度越高，说明测量的结果越能接近测量的设置目标；反之，说明测量的结果对目标和特征验证的正确性越低。效度检验包括对内容效度的测量、对准则效度的测量和对结构效度的测量等。通过对结构效度的因子分析测量整个问卷数值与整体结构之间的对应程度。通过进行 KMO 样本检验和 Bartlett 球形检验得出的 KMO 值大于 0.7，可以证明问卷设计的结构效度良好，如表 2.4 所示。

表 2.4　KMO 和 Bartlett 球形检验

| KMO 样本检验 | 度测量值 | 0.706 |
|---|---|---|
| Bartlett 球形检验 | 卡方近似值 | 1835.497 |
| | Df | 276 |
| | Sig. | 0.000 |

在有效的问卷调查对象（188 人）中，年龄在 0 ～ 18 岁的受访村民有 6 人，占实际调查总人数的 3.19%；年龄在 19 ～ 44 岁的受访村民有 94 人，占实际调查总人数的 50.00%；年龄在 45 ～ 59 岁的受访村民有 54 人，占实际调查总人数的 28.72%；年龄在 60 ～ 74 岁的老人有 26 人，占实际调查总人数的 13.83%；75 岁及以上的被访老人一共有 8 人，占实际调查总人数的 4.26%。在 188 位实际有效的调查对象中，一共有 91 位女性村民，占总人数的 48.40%；有 97 位男性村民，占总人数的 51.60%。188 位调查对象中汉族村民有 20 人，占实际调查总人数的 10.64%；藏族村民共有 157 人，超过调查总数的一半，占调查总人数的 83.52%；此外有羌族村民 7 人，占调查总人数的 3.72%；还有 4 位回族村民，占调查总人数的 2.12%。在实际的调查对象中，具有小学及以下学历的村民有 47 人，占总人数的 25.00%；具有初中学历的村民有 96 人，占总人数的 51.07%；共有 38 位村民具有高中及中专学历，占总人数的 20.21%；共有 7 位调查对象具有大专及以上学历，占总人数的 3.72%。在 20 位访谈对象中，接受访谈的村民有 14 人，接受访谈的村干部、乡镇政府工作人员共有 6 人。其中，九寨沟村寨访谈村民 10 人，访谈村干部 3 人；中查村访谈村民 2 人，访谈村干部 1 人；漳扎村访谈村民 2 人，访谈村干部 2 人。

## 三、调查样本分析

通过 SPSS 软件对回收的有效调查问卷进行样本分析，分析结果如下。

在经济方面，被调查的 9 个村寨的主要经济收入来源形式不同。受村寨拥有的资源、政府投入开发力度和产业规模化程度的影响，村寨的收入来源可以分为以下几种形式：一是以非农业经营收入和集体经济收入为主。主要依靠当地务工、个体户收益和村集体或者乡镇企业的分红、股息利息等收入。这种形式的村寨以九寨沟风景区内的 7 个村寨为代表。九寨沟内的村寨依靠九寨沟世界级自然遗产发展民族村寨旅游业获得旅游收入的股息和分红，同时村民还大多在当地务工、经商获得非农业经营性收入。二是以外出务工收入和其他收入为主。代表村寨是漳扎镇中查村。中查村是风光优美、建筑古朴的典型藏寨，但是村寨的发展资源与九寨沟村寨同质化程度高，因此资源的开发利用程度低，村寨以外出务工收入和政府补贴收入为主要经济来源。三是以非农业经营收入和其他收入为主。代表村寨是漳扎村。漳扎村距离九寨沟自然风景区较近，村民通过经营饭店、旅馆、藏族饰品店、便利店等获得经营性收入。同时，部分村民通过从事短途客运、导游等旅游业相关行业获得劳动报酬。具体如表 2.5 所示。

表 2.5　各村寨主要收入来源形式表

| 村寨 | 收入形式 | 主要收入来源 |
|---|---|---|
| 则查洼寨<br>荷叶寨<br>树正寨<br>荷叶老寨 | 非农业经营收入 | 当地务工、个体户等收益 |
| 扎如寨<br>尖盘寨<br>盘亚寨 | 集体经济收入 | 村集体或者乡镇企业的分红、股息利息等收入 |

续表

| 村寨 | 收入形式 | 主要收入来源 |
|------|----------|--------------|
| 中查村 | 外出务工收入 | 外出务工 |
| | 其他各项收入 | 政府补贴、租赁变卖、亲友赠送等收入 |
| 漳扎村 | 非农业经营收入 | 当地务工、个体户等收益 |
| | 其他各项收入 | 政府补贴、租赁变卖、亲友赠送等收入 |

目前，九寨沟内村寨的劳动力人数共有 886 人，其中就业人口 448 人，就业比为 50.6%。沟内居民从事的产业主要有三类：一是餐饮服务。村民通过在沟内特色"边边街"美食店和诺日朗餐厅为游客提供餐饮服务来增加家庭收入。二是旅游经营及相关工作。其中，租衣、快照低端旅游服务就业 225 人，九寨沟管理局、大九旅公司、联合公司就业 164 人，居委会、公务员等体制内就业 46 人。三是联合经营公司入股。九寨沟内村民每年可以享有九寨沟旅游业带来的股息分红收入。在收入结构上，沟内居民收入主要分为工资性收入（九管局、观光公司、吉祥公司等上班）、财产性收入（参股分红、摊位出租等）、家庭经营性收入和转移性收入（门票收入补偿、退耕还林补贴、粮食补贴）四类。各村寨户年平均收入如表 2.6 所示。通过对比沟内沟外村寨收入方式和收入水平，可以发现，九寨沟内民族特色村寨的收入方式更多样，收入水平更高，收入稳定性更强。

表2.6　村寨户年平均总收入

| 村寨 | 平均收入（元） | 人数 | 百分比（%） |
|---|---|---|---|
| 则查洼寨 | 134300.00 | 20 | 10.6 |
| 荷叶寨 | 142733.33 | 30 | 16.0 |
| 树正寨 | 146173.91 | 23 | 12.2 |
| 荷叶老寨 | 145157.89 | 19 | 10.1 |
| 扎如寨 | 149277.78 | 18 | 9.6 |
| 尖盘寨 | 140285.71 | 7 | 3.7 |
| 盘亚寨 | 135875.00 | 8 | 4.3 |
| 中查村 | 32633.33 | 27 | 14.4 |
| 漳扎村 | 83644.44 | 36 | 19.1 |
| 总计 | 123342.37 | 188 | 100.0 |

注：受2017年"8.8"九寨沟地震的影响，九寨沟县村寨居民收入统计以2016年为主。

由表2.7可知，九寨沟内村寨居民的家庭收入满意度和中查村、漳扎村村民的收入满意度分布不同。九寨沟内的民族特色村寨荷叶老寨、则查洼寨、荷叶寨、树正寨、扎如寨、尖盘寨、盘亚寨村民对家庭收入评价"满意"的人数占本村调查人数比重大。而中查村和漳扎村村民的满意度评价中，"不满意"的村民比重比较高。

表2.7　村民家庭收入满意度表　　（单位：人）

| 满意度 | 村寨 | | | | | | | | | 合计 |
|---|---|---|---|---|---|---|---|---|---|---|
| | 则查洼寨 | 荷叶寨 | 树正寨 | 荷叶老寨 | 扎如寨 | 尖盘寨 | 盘亚寨 | 中查村 | 漳扎村 | |
| 不满意 | 2 | 3 | 2 | 3 | 2 | 2 | 1 | 19 | 14 | 48 |
| 一般 | 1 | 0 | 2 | 1 | 0 | 1 | 0 | 3 | 2 | 10 |
| 满意 | 19 | 20 | 19 | 16 | 15 | 7 | 9 | 5 | 20 | 130 |
| 合计 | 22 | 23 | 23 | 20 | 17 | 10 | 10 | 27 | 36 | 188 |

表 2.8 卡方检验结果显示，卡方检验 sig 值小于 0.05，因此我们认为同乡镇中，不同村寨村民对家庭收入的满意度有显著的差异。通过问卷调查发现，九寨沟内村寨与中查村、漳扎村的主要收入来源不同，而且九寨沟内民族村寨与沟外村寨相比收入差距比较大。则查洼寨、荷叶寨、树正寨、荷叶老寨、扎如寨、尖盘寨、盘亚寨的村民年均收入高于调查村寨的整体水平。这是因为九寨沟内各村寨依靠九寨沟自然风景区大力发展村寨旅游业，村民获得旅游红利带来的非农业经营性收入、集体经济收入比重较高。

表 2.8 村民家庭收入满意度卡方检验

| 类目 | 数值 | DF | 双侧近似 $p$ 值 |
|---|---|---|---|
| 皮尔森卡方检验 | 87.364 | 18 | 0.000 |
| 似然比 | 105.021 | 18 | 0.000 |
| 统性趋势检验 | 42.907 | 1 | 0.000 |
| 有效值数 | 188 | — | — |

## 第三节 震区民族特色村寨灾后概况

### 一、周边基础设施受损严重

2017 年 8 月 8 日 21 时 19 分，九寨沟县发生 7.0 级地震，

震源深度 20 千米。受灾最为严重的是漳扎镇及辖区下的九寨沟
风景区。地震中心距离九寨沟核心景区 5 千米，距离漳扎镇 20
千米。根据四川省新闻办提供的数据，"8.8"九寨沟地震造成直
接经济损失约 1.1446 亿。其中，道路交通经济损失约 3704 万元；
房屋经济损失约 860 万元；农业经济损失约 2952.01 万元；林业
经济损失约 2150 万元；通讯经济损失约 200 万元；电力经济损
失约 180 余万元；工业经济损失约 1400 万元。❶ 受地震影响，
九寨沟县多项在建工程停工，多项政府政策安排停滞，国家级景
区九寨沟停止对外开放，经济损失总计达 224.5 亿元。❷

## 二、居民基本生活受到影响

"8.8"九寨沟地震带来的破坏性对民族特色村寨居民生活造
成损失。地震带来的安全隐患使重震区村民震后半个月内多居住
在简易帐篷中，食物、饮水、生活用品由政府按人发放。"8.8"
九寨沟地震对村民交通通信造成不便，通信电缆、照明电路一度
中断，政府紧急排险，保障受灾群众基本用电需求。直至震后一
个月，九寨沟县对外交通运输才恢复正常。"8.8"九寨沟地震造
成 73671 间房屋不同程度受损。特色藏寨中查村邻近九寨沟地震
中心，属于山地地形，村寨房屋以纯木结构为主，少量石木、砖

❶ 参见四川省政府新闻办：九寨沟地震已致经济损失 1.1 亿 [EB/OL].（2017-08-13）
[2019-06-10].http://news.163.com/17/0813/17/CRO4F58S00018AOR.html.
❷ 参见九寨沟全县预估因地震损失 224.5 亿元 [EB/OL].（2017-09-22）[2019-06-10].
http://news.china.com/news100/11038989/20170922/31499410.html.

木、砖混结构房屋受灾较严重，受损程度多为"严重破坏"。房屋损毁后需要人力、财力投入进行维修，加重了人民群众的负担。漳扎镇是地震重灾区，地震带来的山体滑坡、泥石流、崩塌对受灾群众的生命安全造成威胁，政府抢险救灾工程和应急排危项目共计耗费1279.02万元。❶地震给居民日常通信、交通、日常生活等方面造成不便，带来巨大经济损失，同时对受灾群众的生命安全造成威胁。

### 三、居民旅游产业收入下降

"8.8"地震后，按照"限区域、限流量、限时段、限方式"的原则，九寨沟部分景区在2018年3月8日对外开放。其余部分景观、道路受损严重，2016年九寨沟景区全年接待游客481万人次，旅游社会收入60.68亿元，旅游从业人员6万余人。震后较长一段时间，九寨沟景区日接待量严格控制在2000人以内，且必须为旅行社组织的团队游客，游客自行在九寨沟景区官网购票。景区每日对外开放时间为8：00至17：00，游客在规定时间必须离开景区，不允许在景区内部特色民族村寨中留宿。❷一方面，严格的对外开放条件和游客对余震的担忧，使九寨沟景区游客接待量锐减；另一方面，地震强大的破坏力使九寨沟景区附近店铺、基础设施严重受损。景区附近建筑待整修，少数营业店

---

❶ 参见九寨沟县灾后恢复重建信息公开审核表（漳扎镇）[EB/OL].（2018-03-22）[2019-05-31]. http://www.jzg.gov.cn/xztzl/jzgdz/ggl/201803/t20180322_1347661.html.

❷ 参见关于九寨沟风景名胜区部分景观对外开放的公告[EB/OL].（2018-03-14）[2019-05-31].https://www.jiuzhai.com/news/notice/6236-2018-03-14-02-48-19.

铺门可罗雀，九寨沟旅游产业收入大大降低。

## 第四节　民族特色村寨灾后保护的主要问题

### 一、民族特色村寨空间文化保护措施不到位

九寨沟县不仅具有自然景观，而且拥有丰富的特色文化资源。九寨沟自古就是藏、羌、汉、回等多民族的交往交流交融之地、民族文化荟萃之地，文化资源丰富，"已拥有㑇舞、南坪曲子、川西藏族山歌（其中川西藏族山歌属于州内共享遗产项目）、熊猫舞4项国家级非物质文化遗产，南坪琵琶制作技艺、榻板房建筑技艺等4项省级非物质文化遗产及66项州、县级非物质文化遗产，素有'民歌之乡、琵琶之乡、情歌之乡'的美誉。以藏羌歌舞表演为主的文化演艺产业不断壮大，演艺团体达到10家"❶。以上非物质文化遗产形态的民族文化资源以旅游资源形式予以开发保存，而原生态的民族特色村寨空间文化和原生态的村寨文化却在经济开发的过程中受到一定程度的影响。

此外，"8.8"九寨沟地震造成部分文物、文化产业基地受损，严重影响民族特色文化的传承与发展。"8.8"地震震源深20千米，震中位于九寨沟风景区附近，造成九寨沟、松潘、若尔盖、红原

---

❶　参见九寨沟概况[EB/OL].（2015-08-14）[2019-06-27].http://www.jzg.gov.cn/xxgk/gkxx/dqgk/201508/t20150814_1089564.html.

四县部分文物严重受损。"8.8"地震导致九寨沟旅游业萧条，也影响九寨沟民族特色村寨文化产业的发展。

## 二、民族特色村寨灾后重建的社会参与程度不高

现代政治学理论认为，国家治理一般都将社会建设划分为政府领域、市场领域和社会领域。政府管理权力有其限度，凡是不需要政府参与的事务一律交给市场和社会来解决。有研究者指出，"社会治理是如此，防灾减灾也是如此，具体表现为政府机构、私人部门和社会组织（包括相对于政府而言的非政府组织与相对于企业而言的非营利组织）在防灾减灾中各自扮演必要的角色，发挥重要的功能，并进行良性互动"❶。

从世界范围来看，防灾减灾和灾后重建工作方面，西方发达国家更加重视发挥市场机制和社会组织的作用。但是，总体来看，西方发达国家倡导政府、社会和市场发挥各自优势，欠发达国家社会组织不发达，主要依靠国际组织或者其他国家援助进行灾后重建。中国作为社会主义国家，党和政府以为人民服务为宗旨，凡是发生危及人民生命财产安全的灾害，政府必定会发挥"强政府"的优势主导防灾救灾和灾后重建，其能力和成效也被世界所认可。但是，随着中国国内社会力量和市场机制的发展完善，有条件、有能力的社会组织越来越多。引导社会组织参与防灾减灾和灾后重建，能够补充政府主导灾后重建的"边际效益递减"的问题。

---

❶ 童星.防灾减灾与社会治理[J].中州学刊，2014（6）：13.

民族特色村寨的灾后重建工作，需要整合各方面力量。虽然灾后重建工作领导小组和各政府部门分工协作，发挥了良好的主导作用，但是，对于社会力量的整合程度还较低，社会力量对于民族特色村寨灾后重建工作的支持力量较弱。具体表现为：一方面，社会组织对于民族特色村寨灾后重建的关注度和参与程度不高，特别是在民族特色村寨基础设施的恢复、住房维修和重建等方面缺乏社会活力注入；另一方面，缺乏民族特色村寨重建所急需的专业规划设计人员及少数民族特色文化传承和保护的研究人员，民族特色村寨灾后重建缺乏专业性的指导。总体而言，民族特色村寨灾后重建工作的社会参与程度不高，社会力量对于民族特色村寨重建的推动力量较小。

## 三、缺乏完善的政策执行监督体系

民族特色村寨的保护是一项需要系统的政策支持的社会工程，需要长期的投入和建设。民族特色村寨是千百年来各少数民族群众建设并传承下来的物质文化财富，多数位于交通不便的山区或丘陵地带，制定较为完善的政策需要当地村民和政府的支持和执行，而当地及周边的经济社会发展水平和资源禀赋对政策体系功能的发挥也产生相应的影响。

《规划纲要》中民族特色村寨保护与发展的目标包括："人居环境明显改善；群众收入大幅提高；村寨风貌、特色民居得到合理保护；民族文化得到有效保护；村寨基本公共服务体系进一步完善；民族关系更加和谐。"❶根据《规划纲要》的目标和要求，民族特色村寨保护政策体系存在一个重要的问题：民族特色村寨保护政策的实施缺乏执行的强制约束力。其政策实施的依据仅仅是国家民委制定的《指导意见》和《规划纲要》，这两个规范性法律文件属于部门规章，法律效力低于宪法、法律、行政法规和地方性法规。《中华人民共和国宪法》第九十条第二款规定："部门规章是国务院各部门、各委员会、审计署等根据法律和行政法规的规定和国务院的决定，在本部门的权限范围内制定和发布的调整本部门范围内的行政管理关系的、并不得与宪法、法律和行政法规相抵触的规范性文件。主要形式是命令、指示、规章等。"为了避免部门规章与上位法相冲突，在制定《规划纲要》和《指导意见》之时，其内容是原则性的指导思想、基本原则、发展目标、扶持对象和实施主体等框架性条文，为民族特色村寨保护和发展的政策体系奠定了基本的框架结构。但是，对于具体操作规范缺乏强制约束力的责任规定，致使民族特色村寨保护政策体系的执行和监督缺乏强制力。

## 四、社会发展缺乏支撑

### (一) 公共产品供给水平低

一方面，村寨基础设施不完善。九寨沟保护区已成立40年，

---

❶ 国家民委关于印发少数民族特色村寨保护与发展规划纲要（2011—2015 年）的通知 [EB/OL]．（2012-12-14）[2019-07-08].http://www.seac.gov.cn/seac/xwzx/201212/1003273.shtml.

40 年来政府部门不断投入资金进行开发管理，使九寨沟县已经具备完善的基础公共服务设施，为游客和居民的生活出行提供了便利。同时，随着人们物质生活水平的提高，对其他基础设施的要求也在增加，物流建设、水网电的升级完善、道路修整、田园灌溉设备等方面需要提升。首先，民族特色村寨需要加大物流基地、水力灌溉、气象观测等生产性基础设施建设，一是便于开拓民族特色产品、农副产品的销路；二是可以为农业生产保驾护航。其次，随着互联网的普及，信息更新加速，居民生活品质提升，水、路、电、燃气、网络生活性基础设施建设也要紧跟时代发展步伐。

另一方面，村寨的总体社会保障水平低。村寨村民享受基本社会保险、社会救济、社会福利等公共产品，但是受实际条件限制，村民享受的资源总量、水平有限，且与城镇地区相比，民族村寨享有的公共资源总量、公共服务水平比较低。❶ 在医疗方面，调查点所在的漳扎镇内定点医疗服务机构少，医疗器械、药品种类不够齐全，医疗服务水平不高。在就业安置方面，九寨沟民族特色村寨的村民缺乏有关劳动技能培训、再就业训练上岗等方面的保障性措施。

## （二）劳动力资源不均衡

乡村振兴离不开乡村的产业发展，产业发展离不开人力资

---

❶ 邓悦，郅若平. 新时代下城乡社会保障制度整合现状与路径分析 [J]. 理论月刊，2019（6）：131-136.

源要素的支撑。经济收入、就业机会、福利设施等因素影响劳动人口的流动，目前以经济收入水平为主的经济因素是影响我国劳动人口流动的主要原因。❶经济收入水平、自然资源、社会资源的富足程度直接或者间接影响当地居民的收入水平和就业意愿。在九寨沟地区，经济收入水平低、资源匮乏的村寨劳动力人口外流数量多于经济收入水平高、资源富足的民族特色村寨。

九寨沟内民族特色村寨属于强力型村寨。村寨本身具有特色自然资源，政府从政策制度、财政投入、部门机构设置等方面推动九寨沟民族村寨旅游业的发展。同时，九寨沟景区联合经营公司由九寨沟管理局组织创立，圣地九寨公司、吉祥公司由村寨居民集资创立，为村寨居民提供大量就业岗位。这提高了村寨村民的幸福感和满意度。

相反，中查村、漳扎村的发展资源相对匮乏。这两个村寨虽然拥有各自发展民族村寨旅游的特色经济项目，但是村寨发展规模小，村寨自身发展能力有限，品牌效应不足，旅游资源不能支撑整个村寨集体投入形成规模经济并带动更多村民就业创业。因此，大量劳动力人口外流，导致从事旅游观光业、文艺演出、销售服务行业的人数都十分有限。

## 五、文化产业发展缺乏创新

### （一）文化产业产能低

民族文化的保护与开发利用是密不可分的。发展村寨旅游

---

❶ 张堵杰. 中国人口流动格局及影响因素研究 [D]. 济南：山东大学，2019.

业的民族特色村寨，其对外开放程度高。民族特色村寨的文化保护越到位，文化的开发程度和利用水平越高，民族文化转化为社会资本的力量就越大。❶九寨沟民族特色村寨拥有藏医、藏戏等非物质文化遗产。对这些文化要素的开发利用程度反映了九寨沟民族特色文化保护的水平。实践中，九寨沟民族特色村寨的文化保护与开发存在着以下问题。

一是文化产品形式单一。无论是旅游观感，还是当地村寨居民的真实反映，都可以感受到民族特色村寨特色文化产品开发环节的薄弱性。村寨文化产品以民族歌舞表演、零售小商品为主，文化产品形式单一，产业链短且产品附加值低，导致受益的村民人数有限。此外，文化产品的开发和销售往往和民族村寨旅游业捆绑在一起，没有形成独立的规模性经济产业。诚然，部分文化的展现需要当地独特的空间、环境、人物、道具等，但是要将文化资源转化为社会资本，需要体现文化产品的独特性或者呈现文化产品的多样性，以此形成长效的文化产业链，吸收周围村寨更多的劳动力参与文化开发。这样不仅可以在开发中保护民族特色文化资源，还可以在规模经济中带动村寨居民增收。

二是文化产业规模小。九寨沟民族村寨具有丰富的文化资源，但是文化产业规模比较小，依附于九寨沟旅游业。虽然九寨沟地区有许多体现民族风情的传统节日和建筑，但是九寨沟的文化产业没有打造出独特的民族品牌，文化产业规模小，集中程度

---

❶ 张立辉，张友．贵州黔南州传统民族特色村寨保护与开发利用研究 [J].民族学刊，2019，10（6）：17-22.

低，产品知名度低，文化产品消费市场往往依附于九寨沟自然风景旅游观光业，整个文化产业对当地经济发展的协同带动作用有限，文化保护与文化利用的结合程度有限。

（二）过度商业化

文化开发与保护相互促进、相互衔接。因此，在对外开放、发展旅游业的同时，要注重民族特色村寨的保护，保护九寨沟民族文化的独特性，营造良好的文化保护与发展环境，促进民族文化传承与发展。九寨沟民族特色村寨的文化保护与利用存在以下问题。

一是旅游开发带来的文化产品同质化严重。九寨沟民族地区具有丰富的历史文化资源。古朴的藏族寨子、优美的山水风光、独特的民族风俗节日等是民族村寨生产发展的资本。随着九寨沟风景区的对外开放，民族特色村寨大力发展旅游观光业，市场的进入使九寨沟民族特色村寨的商业化程度增加。在文化资源商业化的过程中，本土与外地的文化产品的呈现形式、种类同质化严重。文化产品的制作、开发、销售、体验等环节没有完整地呈现四川藏区少数民族特色村寨的独特性与神秘感。伴随旅游开发带来的不是民族文化精细、分类、整合式的开发利用，而是市场经济冲击下的文化"资本泛滥"。

二是受到外来文化冲击。一方面，伴随着民族特色村寨旅游业的兴起，九寨沟民族特色村寨民俗文化对外展示的频度和强度也在增加。为获取经济利益而进行的民俗活动，使民俗风情的历史性、神秘感和厚重感减弱。传统文化原始生态遭到破坏，造成对外开放的吸引力减弱。另一方面，在村寨对外开放过程中，受外来文化和市场经济的影响，民族特色村寨的建筑风格、传统服饰、日常活动等方面发生了变化。调研中发现，民族特色村寨传统民居保存度低，房屋建筑钢筋水泥固化普遍增加，还存在为吸引游客以民族元素过度堆砌居住空间的现象。

## 六、生态建设缺乏规范

### （一）生态环境极其脆弱

九寨沟县是国家重点生态功能区县域，位于川滇森林及生物多样性与水土保持生态功能区。九寨沟民族特色村寨的生态环境具有脆弱性，极易遭受破坏。随着经济、交通等条件的改善，四川藏区民族特色村寨对外开放程度也在提高，但同时生态环境的保护面临挑战。一是土壤质量问题。民族村寨旅游业的兴起，需要兴建大量旅游设施，使村寨完整的生态环境被分割开来，地表和土壤遭受非常大的影响，甚至导致土壤质量恶化。二是动植物物种问题。人类行为活动的增加会对动物和植物种量带来影响。一方面，人类活动领域的扩大，挤占原始动植物的生存空间；另一方面，偷砍、偷伐、偷猎、偷挖等不正当经济利益行为的增加，会减少原始动物、植物种类，破坏村寨生态环境的平衡状态。三是环境污染问题。由于游客的不文明行为，随手丢弃的塑料袋、饮料瓶等不可降解垃圾污染了村寨水源和土壤。同时，发展村寨旅游业带来的餐饮、住宿生活垃圾、废水、废气排放，

也在一定程度上污染村寨生态环境。❶

## （二）村寨居民的制度认知度较低

为了加强生态保护建设，党中央、国务院提出了生态文明、绿色发展理念，出台了一系列政策法规，对生态建设进行观念指引、政策指导、资金支持、法律约束。但是，在乡镇、村级行政管理体制中推进政策法规时，村寨村民对具体政策法规制度的认知度较低。

一方面，村民对宣传力度大的"两山"（绿水青山就是金山银山）理念和与自身利益紧密相关的生态补偿制度认知度较高；另一方面，村民对生态建设的具体内容、生态环境部门颁布的制度规范、破坏生态的惩罚措施等内容知情度低。生态环境保护需要每一个个体的努力、持续行动，因此，个体对强制性政策、法规、制度、办法的知情度越高，参与生态保护的意愿也会越高，参与途径和办法也会越多，更有利于集中力量发挥集体和个人的作用。村寨村民对生态保护政策制度规范的知情度越高，越有利于民族地区开展生态环境保护工作，越有助于民族地区生态绿色发展。❷

---

❶ 邱硕立.羌族村寨旅游环境污染探析 [J].贵州民族研究，2014，35（2）：118-121.
❷ 黄晓园，罗辉.自然保护区民族村寨保护政策认知和意愿研究——以高黎贡山自然保护区周边民族村寨为例 [J].云南行政学院学报，2012，14（3）：139-142.

# 第三章

## 震区民族特色村寨灾后重建模式

## 第一节　灾后重建的理论模式

2016 年 7 月 28 日，习近平总书记在唐山考察时曾指出："同自然灾害抗争是人类生存发展的永恒课题。要更加自觉地处理好人和自然的关系，正确处理防灾减灾救灾和经济社会发展的关系，不断从抵御各种自然灾害的实践中总结经验，落实责任、完善体系、整合资源、统筹力量，提高全民防灾抗灾意识，全面提高国家综合防灾减灾救灾能力。"[1] 同自然抗争的过程中，尤其是面对特大自然灾害之时，个体往往是无能为力的，这就需要运用国家力量应对自然灾害。

自然灾害作为政府危机管理的必然客体，对政府的应急管理能力提出巨大的挑战。"政府作为公共事务的管理主体，自然成为公共危机（特别是自然灾害）的当然主体。"[2] 现代社会的结

---

[1]　习近平. 同自然灾害抗争是人类生存发展的永恒课题 [EB/OL]. (2016-08-06)[2019-07-01].http://news.china.com.cn/2016-08/06/content_39037832.htm.

[2]　金太军，沈承诚. 论灾后重建中多元治理主体间的互动协作关系 [J]. 青海社会科学，2010（3）：104.

构极其复杂且政府职责越来越多，管理范围越来越大，有时可能出现"管理失灵"的情况。同时，随着社会力量的不断壮大，出现大量企业反哺社会，非营利组织参与社会治理的情况。灾后重建是从最初的完全民间自发到政府主导，再到社会广泛参与的一个过程。根据灾后重建参与主体的类型和参与度高低，即政府参与度和社会参与度高低进行 2×2 矩阵分类，从政府和社会灾后重建参与度的高低可以分为四个模式，如图 3.1 所示。

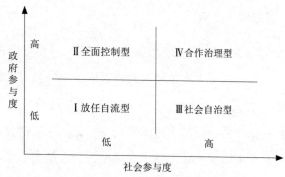

图 3.1　民族特色村寨灾后重建的理论模式

## 一、放任自流型

这一模式是指政府参与度低、社会参与度也低的灾后重建模式。政府由于地震、泥石流等自然灾害的破坏性较低而不必高度参与，或者由于政府缺乏全面支持灾后重建的能力，完全依靠灾民自发组织抗震救灾。这种灾后重建模式主要出现在政府能力不足的第三世界国家，以及工业革命之前人类尚缺乏使用大型机械的能力而面对天灾无法抗拒的时代。

放任自流型模式在第三世界国家或不发达国家较为普遍，主要有三个方面的原因：第一，国家经济实力薄弱，国家财政能力有限，无法独立应对较大的地震灾害；第二，大部分不发达国家的制度和体制决定了政府缺乏动员足够的救援力量来应对地震灾害；第三，不发达国家基本上没有建立起完善的灾害应对机制，统治者往往以此为契机进行权力斗争获取政治私利，或者以此获取其他国家的同情和经济援助。

## 二、全面控制型

随着人类社会的进步和科技水平的提升，政府作为社会事务的主要管理者其社会职能不断拓展，公民对政府的定位和要求更加人道主义化。政府在灾后重建过程中的表现成为社会公众判断其是否尽忠职守履行政府职能的依据。这就使政府及其执政者非常重视灾后重建工作，全程高度参与和主导灾后重建工作。与此同时，社会由于力量有限或能力不足，或政府政策和法律对社会组织参与灾后重建工作的限制，造成社会参与度相对低下。这样就形成政府参与度高而社会参与度低的全面控制型灾后重建模式。

全面控制型模式一般出现在经济实力较强或者经济实力薄弱但实施中央集权体制的国家。在这种情况下，地震灾害的破坏力较大，灾后需要集中一定的人力物力财力进行恢复重建，经济实力强的国家可以依靠较小比例的财政支出就可以应对较大地震灾害。从政治学理论来看，政治精英通过支持较小的财政支出，在不影响既有财政分配格局的前提下，能提高政府的支持度和政治合法性。对于经济实力较为薄弱但是中央集权体制的国家而言，在财政实力不足情况下，可以发挥中央权威的优势调动全国力量应对灾后重建，通过全国各地方政府分担灾后重建任务进行援建，有效降低中央财政负担，及时应对地震灾害。

### 三、社会自治型

社会自治型是指社会力量参与度高而政府参与度低、主要依靠社会力量进行灾后重建的模式。这种模式出现在社会力量比较发达的社会或地区，社会组织有能力、有意愿全面参与本区域或区域外的灾后重建工作。社会力量通过行业组织的完善和行业领袖的个人魅力，有意愿反哺社会，资助和主导整个灾后重建过程，包括重建方案的制定、修改、规划方案的执行，以及全程监督工作。这种模式多为灾害影响较小且社会力量能够一力承担相应的成本。

社会自治型模式有高阶和低阶之分。高阶模式是社会力量能够完全自主应对地震等自然灾害，不需要政府的参与；低阶模式是社会力量并不能完全依靠自己的力量应对灾害和灾后重建，需要政府提供一定的支持或者政府并没有足够的能力支援社会力量。例如，中国封建社会时期，地震导致人民流离失所，乡绅富贾会自发组织力量救援和安置灾民，当地或附近州县官府也会组织救济。但是，这种模式因救援的力度有限而属于低阶的社会自治型模式。

### 四、合作治理型

这种模式主要指政府参与度高、社会参与度也高，政府和社会共同发挥作用进行合作完成灾后重建工作的模式。由于政府全程高度参与灾后重建有一定的弊端，如缺乏监管而出现腐败问题，滥用权力挪用、占用国家专项资金或社会捐助资金，因此国家立法或专家建议政府通过主动吸纳社会力量参与灾后重建，尽量克服"政府失灵"的情况出现。在整个灾后重建的过程中，政府和社会力量是平等主体，是合作关系，因此称为合作治理型模式。

## 第二节　国内灾后重建的经验模式

### 一、汶川模式

汶川地震破坏力强，党中央高度重视这次抗震救灾和灾后重建。"5·12"汶川地震后，国家于 2008 年 5 月 19 日迅速成立了抗震救灾总指挥部灾后恢复重建规划组，负责灾后重建规划的组织和编制。在抗震救灾总指挥部下设灾后恢复重建规划组，并责令四川省省长担任灾后恢复重建规划组组长，领导具体的灾后重建规划工作。

同时，中央、省和地方各级政府的相关职能部门和规划专家组作为成员单位加入灾后重建规划组，建立从上到下的组织体系和技术保障队伍，并制定相关法律法规指导灾后重建的顺利开展。2008 年出台的《国家汶川地震灾后恢复重建总体规划》明确提出，灾区恢复重建的主要任务是实现"家家有房住、户户有就业、人人有保障、设施有提高、经济有发展、生态有改善的总体目标"；《国务院关于印发汶川地震灾后恢复重建总体规划的通知》明确规定，灾区县级人民政府"具体承担落实恢复重建的主要任务"。❶

由上可知，汶川模式是政府高度参与的全面控制型模式，虽然社会捐赠等活动络绎不绝，但是由于社会组织的力量有限，专业性不足，在汶川地震灾后重建过程中发挥的作用相较于政府还比较有限。汶川模式是政府高度参与而社会参与度较低的全面控制型模式。汶川灾后重建模式是自上而下政府全面主导模式，在国家强力支持和舆论环境的督促下运转极为高效，几年间就完成了灾后重建的目标和任务，几乎全部达到预期目标。

## 二、芦山模式

2013 年 4 月 20 日，四川省雅安市芦山县发生 7.0 级地震。"4·20"芦山地震后紧急救助与灾后恢复重建工作奠定了中国应急救援机制、灾后重建机制和属地管理原则的基础，首次明确提出重大自然灾害恢复重建工作以"地方政府为主体"的新机制。

---

❶ 陈升，毛咪，刘泽.灾后重建能力与绩效的实证研究——以汶川地震灾区县级政府为例[J].中国人口·资源与环境，2014（8）：156.

中央政府统筹领导、地方政府全权负责、社会各界广泛参与的灾后恢复重建制度被证明切实有效，逐步延续下来。2017 年 8 月 8 日至 2018 年 3 月 20 日，九寨沟县"8·8"地震灾后恢复重建委员会前后召开 7 次工作会议，遵照四川省省委、省政府对"8·8"九寨沟灾后恢复重建工作的意见与指示，根据"8·8"九寨沟地震后恢复重建工作遇到的难题积极寻求方略、改进工作进程。由成都高新区志愿者协会、成都市义工联合会主办，英特尔、中建三局等 50 个单位积极参与建设的首个校园应急示范站成立；校园应急示范站教导学生紧急应灾、紧急逃生等知识，努力减少重大自然灾害带来的伤亡。❶ 顶层设计、地方放权、广泛参与三者的结合能在最短时间内启动中国抗震救灾的各种资源，精准、高效地投入到紧急救灾与灾后重建的工作当中。

由于汶川地震灾后重建过程中积累了相当丰富的经验，2014 年芦山地震时，四川省委省政府从容应对，在汶川模式的基础上创新灾后重建模式，吸纳社会力量参与，重视基层政府和村民的意见。这一模式由上级政府指导并监管规划的落实，充分尊重基层政府和灾民的实际需要和意愿，作出符合各方利益的规划方案。地方政府将自己从全面控制的主导者转变为监督监管者的角色，形成了政府高度参与、社会一定程度参与的芦山模式。这种模式不同于汶川地震模式下政府全面掌控灾后重建的各个环节和细节，政府更多负责监管灾后重建工程的执行和落实，政府

❶ 参见"中国·九寨沟"政府门户网站 [EB/OL].（2017-10-11）[2019-04-30].http://www.jzg.gov.cn/xztzl/jzgdz/zhcj/201710/t20171011_1283676.html.

控制的力度降低，社会力量的参与程度提升，灾后重建模式开始
向"合作治理型"转变。

# 第三节　九寨沟震区灾后重建模式

2017 年 11 月 7 日，四川省人民政府发布《四川省人民政府关于支持"8·8"九寨沟地震灾后恢复重建政策措施的意见》，提出财政、税收、金融、就业、住房、景区修复、生态保护等 10 项政策，对九寨沟县"8·8"震后重建工作作出具体安排部署，为九寨沟生产生活的迅速恢复指明了方向。

## 一、灾后重建措施

### （一）应急救助补贴

根据九寨沟县 7.0 级地震抗震救灾指挥部发布《九寨沟县 7.0 级地震灾害应急救助发放工作实施方案》的通知，受灾群众补贴标准为：每人每天 20 元，补助 15 天，共计 300 元。

### （二）住房受损补助

经过第三方评估机构出具的房屋受损鉴定报告，房屋破坏程度分为轻微、中等、严重（加固/拆除）、倒塌等级。根据九寨沟县政府办公室发布的文件，"8·8 九寨沟地震受损住房（修复/加固）"补助发放标准为：房屋轻微损坏 3000 元/户；中等

破坏 5000 元 / 户；严重破坏 8000 元 / 户。

## （三）临时生活补助

根据九寨沟县政府办公室关于《8·8 九寨沟地震受损房屋修复加固期间临时生活补助政策》，临时生活补助的发放对象是：城乡居民房屋受损鉴定结果为轻度损坏、中度破坏、严重受损，且通过维修加固可立即入住的家庭成员。补助发放时间从 2017 年 8 月 24 日起，轻度损坏、中度破坏、严重受损的家庭成员分别发放 15 天、25 天、38 天临时生活补助。生活补助发放标准为：按登记人数，给予每人每天 20 元及 1 斤粮（3 元 / 斤）的折合现金，共计 23 元。由九寨沟县财政局负责发放，县纪委、监督局负责监督。

## （四）文化产业恢复基金

为了恢复世界文化遗产（世界级风景名胜区），《"8·8"九寨沟地震灾后恢复重建政策措施的意见》提出，通过财政政策发行景区恢复重建债券，建立文化旅游产业振兴基金，促进自然遗产、文化遗产传承与保护，打造旅游文化产业链。

应急救助补贴及基本生活物资发放起到快速安抚群众的作用，解决了群众临时生活难题，为灾后重建的长期奋战打下基础。旅游产业是九寨沟县经济支柱，"8·8"九寨沟地震灾后恢复重建模式以世界自然遗产地恢复保护为重点，吸取芦山地震灾后恢复重建经验，坚持"中央统筹指导，地方作为主体，灾区群众广泛参与",同时将灾后重建工作与脱贫攻坚事业结合在一起。

## 二、灾后重建与精准扶贫相结合

九寨沟震区灾后重建与扶贫攻坚工作是同步开展的。2018年2月10日至13日,习近平总书记来四川视察期间,指出"要高质量推进九寨沟地震灾区恢复重建和发展提升,努力建成推进民族地区绿色发展脱贫奔小康的典范,让灾区群众早日过上幸福安康的生活"❶。

"8·8"九寨沟地震对九寨沟县人民群众的基本生产生活带来巨大损失。九寨沟县政府在加快灾后恢复重建工作的同时,大力开展脱贫攻坚工作。通过发展特色种植、养殖产业,振兴乡村旅游业,提供就业培训和公益岗位等政策手段推进村寨摆脱贫困。"8·8"九寨沟震后恢复重建工作体现了"变'先恢复、后发展'的常规性梯次重建为'恢复与发展相融合'的跨越型同步重建,在重建中实现超常发展"❷。在决胜全面建成小康社会时期,九寨沟震区灾后重建工作不仅要追求人民生产生活早日正常运转,更要谋求发展,推动灾区人民生活早日恢复震区水平。

## 三、世界自然遗产恢复保护的新模式

九寨沟景区于1992年12月14日被联合国自然遗产委员会

❶ 参见"中国·九寨沟"政府门户网站 [EB/OL].(2018-03-20)[2019-07-30].http://www.jiuzhaigou.gov.cn/jinryw/22/201803/t20180320_1347115.html.
❷ 胡鞍钢.芦山地震后奠定应急救援机制、灾后重建机制和属地管理原则 [J].中国减灾,2018(9):19.

列入《世界自然遗产名录》，成为世界自然遗产。"8·8"地震造成九寨沟景区部分景点被毁、道路垮塌，产生89处地质灾害隐患点。

九寨沟管理局积极开展培训，提升员工综合素质，服务灾后恢复保护工作。景区内各村寨居民自觉清理栈道，排查卫生间等公共场所安全隐患，为九寨沟灾后重建贡献自己的力量。四川省发改委、财政厅等部门工作人员深入九寨沟进行实地调研，为九寨沟管理局灾后重建工作提供支持。承担景区内92处地质灾害勘察、设计工作的10家单位及来自中国地质研究所、清华大学、成都大学等单位的专家学者运用专业知识，推动九寨沟排险、修复、保护工作。"8·8"地震灾后保护与恢复工作以习近平新时代中国特色社会主义思想为指导，努力探索世界自然遗产抢救修复、恢复保护、发展提升的新模式，努力践行习近平总书记"绿水青山就是金山银山"生态保护思想，确保九寨沟世界自然遗产尽快恢复并展现其独特魅力。

九寨沟灾后重建形成了政府和社会合作治理的新模式。

# 第四章

## 九寨沟震区灾后重建政策分析

九寨沟 7.0 级地震最大烈度为九度，九度区主要位于四川省阿坝藏族羌族自治州九寨沟县漳扎镇。《"8·8"九寨沟地震灾后恢复重建总体规划》确定了"一核、两中心、三轴线、多点联动、整体提升"的发展格局，其发展核心为九寨沟风景名胜区和漳扎镇。因此，选取漳扎镇和九寨沟风景名胜区作为核心调研点具有突出代表性，能够较为真实、全面地反映九寨沟震区灾后重建的进展，对于剖析九寨沟震区灾后重建的问题具有典型的样本意义。

## 第一节　实地调研选择

### 一、调研区域

　　漳扎镇面积 1349 平方千米，2016 年年末总人口 13087 人，辖 13 个行政村、19 个村民小组，是一个以藏族为主体的民族杂居镇。荷叶、盘亚、亚纳、尖盘、黑角、树正、则查洼、扎如、

郭都九个藏族村寨散布于九寨沟河谷之中，故称为九寨。九寨沟
沟内有三个社区：树正社区、荷叶社区和扎如社区。树正社区由
树正老寨发展而来并且向北延伸，后来纳入由黑角寨搬迁而来的
居民；荷叶社区主要居住的是老荷叶寨、盘亚、亚纳三个寨的搬
迁居民；扎如社区居住的是扎如寨和郭都寨的搬迁居民。

荷叶村寨位于阿坝州九寨沟县漳扎镇九寨沟国家级自然保
护区核心景区内。荷叶村寨现建有房屋 89 栋，居住村民 119 户
共 503 人。荷叶村寨片区主要分为两大块，即山下（新荷叶寨）
和山上（老荷叶寨、盘亚寨、尖盘寨、亚纳寨）。荷叶村寨受地
震影响的地质灾害共 5 处，其中不稳定斜坡 1 处、崩塌 3 处、泥
石流 1 条。

树正村寨位于阿坝州九寨沟县漳扎镇九寨沟国家级自然保
护区核心景区内。树正村寨整体位于东西向斜坡上，有一半以上
用地的坡度在 15°❶以上。树正村寨现建有房屋 70 栋，居住村
民 99 户共 417 人。树正村寨受地震影响的地质灾害共 3 处，其
中滑坡 1 处、崩塌 1 处、泥石流 1 条。

扎如村寨位于阿坝州九寨沟县漳扎镇九寨沟国家级自然保
护区核心景区内。扎如村寨地势平坦，村寨建设用地以组团状
沿道路分布，上下两个组团中间有一块空地可以用于村寨建设，
村寨可建设用地面积约 20.11 公顷。扎如村寨现建有房屋 53 栋，
居住村民 56 户共 240 人。扎如村寨受地震影响的地质灾害共 4
处，其中滑坡 2 处、不稳定斜坡 1 处、泥石流 1 条。

---

❶ 坡度 =（高程差 / 水平距离）×100%。

则查洼村寨位于阿坝州九寨沟县漳扎镇九寨沟国家级自然保护区核心景区内。则查洼村寨地势平坦,村寨建设用地以组团状沿道路分布,上下两个组团中间有一块空地可以用于村寨建设。则查洼村寨现建有房屋 60 栋,居住村民 70 户共 279 人。则查洼村寨受地震影响的地质灾害共 3 处,其中崩塌 1 处、泥石流 2 条。

截至 2017 年 12 月,九寨沟景区内三个村寨共有 357 户,1387 人。其中,扎如村寨共计 56 户,240 人;荷叶村寨共计 119 户,503 人;树正村寨共计 99 户,417 人。村寨人口从 2003 年的 972 人增加到 2017 年的 1387 人,15 年间增加了 415 人;居民多为初中以上教育水平;居民中藏族占 90% 以上,另有少量汉族、羌族,文化以藏文化为主,是藏、羌、汉、回等多民族文化交汇地。

九寨沟内居民从事的产业主要有四类:餐饮服务、旅游经营及相关工作、联合经营公司入股、其他非正规产业。在收入结构上,居民收入主要分为工资性收入(九寨沟管理局、观光公司、吉祥公司等上班)、财产性收入(参股分红、摊位出租等)、家庭经营性收入和转移性收入(门票收入补偿、退耕还林补贴、粮食补贴)四类。

## 二、调研方式

### (一)问卷调查

为了调查九寨沟震区灾后重建政策执行情况,设计了《九寨沟震区灾后重建政策执行调查问卷》。问卷主要包括两个部分：第一部分是个人特征，询问了被访者的性别、民族、年龄、文化程度等基本情况；第二部分是灾后重建政策执行评价指标量表，主要基于史密斯政策执行过程模型、霍恩—米特模型和莫勇波❶的执行效度，建立了 5 个一级指标、21 个二级指标的九寨沟震区灾后重建政策执行评价指标体系，采用李克特五点量表设置选项，构建出灾后重建政策执行评价指标量表。调查问卷的发放采取在九寨沟风景名胜区、漳扎镇、九寨沟县城现场发放的方式和随机抽样的方法，对象主要是对当地灾后重建政策执行情况较为了解的政府工作人员、社会组织人员和灾区群众。

## （二）访谈

在调查问卷的基础上进行访谈。2018 年 5 月和 2019 年 10 月，课题组两次前往四川九寨沟县进行实地考察和现场访谈。通过与县政府工作人员、社区工作人员、社会组织人员及灾区群众进行访谈、采集相关资料，以定量分析和定性分析相结合的方法对采集的案例、访谈记录、数据等相关材料进行整理与分析，最终得出研究结论。

## （三）查阅统计资料

在实地调研的过程中，通过查阅当地的相关资料，如政府

---

❶　莫勇波 . 政府执行力——理论思路与现实路径研究 [M]. 北京：经济科学出版社，2013：89.

的各类统计报表、报纸、简报、大事记，以及网络资源、图书馆和档案馆馆藏资料等数据弥补调研和访谈的缺漏。

# 第二节　灾后重建政策执行评价指标体系构建

## 一、政策执行评价框架构建

政策执行过程模型 ❶ 是美国学者史密斯于 1973 年构建的，该模型描述了政策制定与政策执行二者相互作用、相互影响的过程。政策执行这一过程包括理想化政策、政策目标群体、政策执行机构、政策环境四部分，且四部分之间形成互动关系。政策执行的过程就是四部分相互作用的过程，输出政策效果反馈到政策制定的过程中，从而实现对政策方案的调整和更新。理想化的政策是指政策制定者试图制定出合理、公正的政策，具体包括合理、适宜的政策目标、政策方案和政策对象等；政策执行的目标群体即政策对象，是政策作用的对象，是政策最为直接的影响者，对政策比较满意；政策执行机构，按照宏观和微观两个层次划分为政策执行部门和具体执行人员，能有效地执行政策；政策环境是影响政策执行的环境因素，包括政治、经济、文化、社会等因素，比较友好。

---

❶　SMITH T B. The Policy Implementation [J].Policy Sciences，1973（4）：197-209.

　　霍恩—米特模型是由美国著名政策学家霍恩和米特共同提出的一种政策执行模型。政策执行过程既受政策本身的影响，也受系统环境的影响。合理有效的政策执行模型主要受五大变量的影响：一是政策自身的价值诉求，包括政策所要实现的目标、时间、标准、效果等；二是政策资源，即政策本身能够实现自身价值的条件因素，包括人力资源、财力资源、物力资源、信息资源等；三是执行者因素，包括执行者的价值取向、理解能力、行为能力、精神面貌、工作态度及执行机关的结构配备、整合程度、分工程度等；四是执行方式，具体包括两个层面，一个是执行人员之间的行为方式，另一个是执行人员与目标群体之间的行为方式，主要涉及沟通、执行、协调、监督和控制等互动行为；五是政策系统环境，具体包括社会环境、政治环境、经济环境、文化环境等。这五个变量之间相互联系、相互影响，共同构成政策执行的演化过程。

　　在结合国内外政策过程理论和以上两种政策执行过程模型的基础上，本书考察国内近年来政策执行评价的典型案例，提出相关假设并初步构建了政策执行评价框架。政策执行评价框架主要包含五大变量：一是政策本身，即政策制定者想要实现的政策价值，主要从政策目标、政策方案、政策对象三方面对政策本身进行衡量；二是政策主体，即政策执行者，按层次可划分为政府部门和工作人员两个方面对政策主体进行衡量；三是政策客体，即政策的目标群体，主要包含社会组织和受灾群众，通过对二者的政策认知度、工作参与度的分析对政策客体进行衡量；四是政策资源，即政策得以实现其目标的资源条件，具体从人力资源、物力资源和财力资源三方面对政策资源进行衡量；五是政策环境，即政策执行过程中的环境影响因素，可从经济环境、政治环境、文化环境三方面对政策环境进行衡量。

## 二、研究假设

研究假设是进行研究设计的逻辑起点和基本动力。根据既往的研究和经验观察，政策执行主要受政策本身、政策主体、政策客体、政策资源和政策环境五大因素的影响。本书即从政策本身、政策主体、政策客体、政策资源、政策环境五个层面提出了7个研究假设。

政策过程理论认为，政策本身是影响政策执行的关键因素，政策目标越明确，越容易制定明确的细化政策，政策执行效果越好；政策方案越详细、具体，政策执行效果也越好；政策对象精准、全面，受众清晰，政策有针对性，政策执行也会高效。因此，本书提出研究假设1。

研究假设1：政策本身对政策执行效果有显著影响。

从微观上来说，每一个政策执行工作人员的能力高低、对政策的认知度、工作态度都将直接影响政策执行效果。政策执行者综合素质越高、对政策认知度越高、工作态度越好，政策执行效果就越好。从宏观上来说，政策执行是政府工作部门相互配合的工作，每个工作部门的沟通机制、协调机制、工作透明度是政策执行效果的重要影响因素。各个工作部门合理分工、相互配合、信息透明，政策执行会更加顺畅。相比较而言，工作人员比工作部门能更加直接地执行政策，获得政策执行的反馈信息，因此对于政策执行效果的影响程度更大。因此，本书提出研究假设2和研究假设3。

　　研究假设2：政策主体对政策执行效果有显著影响。

　　研究假设3：工作人员对政策执行效果的影响大于工作部门对政策执行效果的影响。

　　政策客体是政策执行的受众，也是政策的目标群体，可具体划分为社会组织和灾区群众两大政策对象。社会组织和灾区群众对于政策认知度越高、参与度越高，那么对于政策执行过程就会越了解，政策执行效果也会越好。灾区群众作为个体，相对于社会组织，对于政策执行效果的感受更为直观和细致，对于政策效果的影响也更加直接。因此，本书提出研究假设4和研究假设5。

　　研究假设4：政策客体对政策执行效果有显著影响。

　　研究假设5：灾区群众对政策执行效果的影响大于社会组织对政策执行效果的影响。

霍恩—米特模型认为，政策资源是政策执行的影响因素之一。政策的人力、物力、财力资源会直接影响政策执行效果，人力、物力、财力资源越充足，政策执行越有保障，政策执行效果也会越好。因此，本书提出研究假设6。

研究假设6：政策资源对政策执行效果有显著影响。

政策环境也是政策执行的重要影响因素之一。政策执行的政治环境、文化环境、经济环境越友好，政策执行效果会越好。因此，本书提出研究假设7。

研究假设7：政策环境对政策执行效果有显著影响。

## 三、指标来源

本书基于国内外政策过程理论及史密斯政策执行过程模型与霍恩—米特模型，确定政策本身、政策主体、政策客体、政策资源和政策环境为5个一级指标，建立19个二级指标，再根据莫勇波❶的执行效度（社会效益度和社会满意度）确定第6个一级指标，即政策执行效果，建立2个二级指标，从而建立了6个一级指标、21个二级指标的九寨沟震区灾后重建政策执行评价指标体系（表4.1），具体指标的理论来源如表4.2所示。

---

❶ 莫勇波.政府执行力——理论思路与现实路径研究[M].北京：经济科学出版社，2013：89.

### 表 4.1　灾后重建政策执行评价指标

| 一级指标 | 二级指标 | 评价标准 |
|---|---|---|
| A1 政策本身 | B1 政策目标的明确性 | 政策目标是否明确 |
|  | B2 政策方案的可行性 | 政策是否有具体方案指导 |
|  | B3 政策对象的普遍性 | 政策对象是否包含所有受灾群众 |
| A2 政策主体 | B4 各部门职能分工清晰程度 | 各部门是否各司其职、权责清晰 |
|  | B5 各部门配合程度 | 各部门是否相互配合 |
|  | B6 各部门透明度 | 各部门工作信息是否公开透明 |
|  | B7 工作人员的综合素质 | 工作人员的素质要求 |
|  | B8 工作人员对政策的认知程度 | 是否能够正确理解政策 |
|  | B9 工作人员的执行态度 | 是否能够积极高效地执行政策 |
| A3 政策客体 | B10 社会组织对于政策的认知度 | 社会组织是否正确理解灾后重建工作 |
|  | B11 社会组织对于灾后重建工作的参与度 | 社会组织是否主动参与灾后重建工作 |
|  | B12 受灾群众对于政策的理解度 | 受灾群众是否正确理解政策 |
|  | B13 受灾群众对于灾后重建工作的参与度 | 受灾群众是否参与灾后重建工作 |
| A4 政策资源 | B14 灾后重建专业技术和管理人员充足性 | 人力资源是否充足 |
|  | B15 灾后重建物资充足性 | 物力资源是否充足 |
|  | B16 灾后重建资金充足性 | 财力资源是否充足 |
| A5 政策环境 | B17 政治环境 | 是否有监督、激励等机制 |
|  | B18 经济环境 | 财政收入、产业结构和发展状况等是否利于政策执行 |
|  | B19 文化环境 | 多民族的文化环境、群众价值观念是否利于政策执行 |
| A6 政策执行效果 | B20 社会效益度 | 政策执行对社会产生的效益程度 |
|  | B21 社会满意度 | 社会对政策执行效果的满意程度 |

**表 4.2　九寨沟震区灾后重建政策执行评价指标来源**

| 指标序号 | 理论来源 |
| --- | --- |
| B1—B13 | 史密斯政策执行过程模型 |
| B14—B16 | 霍恩—米特模型 |
| B17—B19 | 史密斯政策执行过程模型 |
| B20、B21 | 莫勇波的地方政府执行力评价指标体系 |

# 第三节　灾后重建政策执行评价量表设计

在评价指标体系的基础上，本书采用李克特五点量表，将 21 个问题的选项设置为"非常同意""同意""不清楚""不同意""非常不同意"五个选项，分别记 5 分、4 分、3 分、2 分、1 分，如表 4.3 所示。

**表 4.3　九寨沟震区灾后重建政策执行评价量表**

| 二级指标 | 评价标准具体内容 | 非常同意（5 分） | 同意（4 分） | 不清楚（3 分） | 不同意（2 分） | 非常不同意（1 分） |
| --- | --- | --- | --- | --- | --- | --- |
| B1 政策目标的明确性 | 政策目标明确具体 | | | | | |
| B2 政策方案的可行性 | 政策方案切合实际、具体可行 | | | | | |
| B3 政策对象的普遍性 | 政策范围覆盖所有受灾群众 | | | | | |
| B4 各部门职能分工清晰程度 | 各部门职责清晰、分工明确 | | | | | |

| 二级指标 | 评价标准<br>具体内容 | 非常<br>同意<br>（5分） | 同意<br>（4分） | 不清楚<br>（3分） | 不同意<br>（2分） | 非常不<br>同意<br>（1分） |
|---|---|---|---|---|---|---|
| B5 各部门配合<br>程度 | 建立部门间沟<br>通协作机制，<br>明确各部门之<br>间的对接事项<br>及要求 | | | | | |
| B6 各部门信息<br>透明度 | 各部门工作信<br>息公开透明 | | | | | |
| B7 工作人员的<br>综合素质 | 工作人员具备<br>充足的职业素<br>养和执行能力 | | | | | |
| B8 工作人员<br>对政策的认知<br>程度 | 工作人员能够<br>完整、正确地<br>理解政策 | | | | | |
| B9 工作人员的<br>执行态度 | 工作人员积极<br>高效、认真<br>负责 | | | | | |
| B10 社会组织<br>对于政策的认<br>知度 | 社会组织能够<br>完整、正确地<br>理解政策，配<br>合政策执行 | | | | | |
| B11 社会组织<br>对于灾后重建<br>工作的参与度 | 社会组织积极<br>有效地参与灾<br>后重建工作 | | | | | |
| B12 受灾群众<br>对于政策的理<br>解度 | 受灾群众能够<br>完整、正确地<br>理解政策，配<br>合政策执行 | | | | | |
| B13 受灾群众<br>对于灾后重建<br>工作的参与度 | 受灾群众能够<br>积极有效地<br>参与灾后重建<br>工作 | | | | | |
| B14 灾后重建<br>专业技术和管<br>理人员充足性 | 在灾后重建工<br>作全过程中配<br>备有充足的技<br>术和服务人员 | | | | | |

续表

| 二级指标 | 评价标准<br>具体内容 | 非常<br>同意<br>（5分） | 同意<br>（4分） | 不清楚<br>（3分） | 不同意<br>（2分） | 非常不<br>同意<br>（1分） |
|---|---|---|---|---|---|---|
| B15 灾后重建<br>物资充足性 | 具有充足的物<br>资供应 | | | | | |
| B16 灾后重建<br>资金充足性 | 具有充足的政<br>策资金 | | | | | |
| B17 政治环境 | 政策执行过程<br>具有科学合理<br>的监督、激励<br>机制 | | | | | |
| B18 经济环境 | 震区的财政收<br>入、产业结构<br>和发展状况能<br>够有效保障政<br>策执行 | | | | | |
| B19 文化环境 | 震区群众的民<br>族构成、观念、<br>价值和风俗习<br>惯等因素利于<br>政策执行 | | | | | |
| B20 社会<br>效益度 | 政策执行产生<br>的社会效益高 | | | | | |
| B21 社会<br>满意度 | 社会对政策执<br>行的满意度高 | | | | | |

对于自变量政策本身的测量通过政策目标的明确性、政策方案的可行性和政策对象的普遍性3个指标来实现；对于自变量政策主体的测量通过各部门职能分工清晰程度、各部门配合程度、各部门透明度、工作人员的综合素质、工作人员对政策的认知程度和工作人员的执行态度6个指标来实现；对于自变量政策客体的测量通过社会组织对于政策的认知度、社会组织对于灾后重建工作的参与度、受灾群众对于政策的理解度、受灾群众对于

灾后重建工作的参与度 4 个指标来实现；对于自变量政策资源的测量通过灾后重建专业技术和管理人员充足性、灾后重建物资充足性、灾后重建资金充足性 3 个指标来实现；对于自变量政策环境的测量通过政治环境、经济环境和文化环境 3 个指标来实现。

对于政策执行效果的测量通过社会效益度和社会满意度 2 个指标来实现。具体做法是在量表中针对这两个指标设立题项，划分为 5 个等级，对收集到的数据进行分析，作为相关分析的因变量 Y，用以表示政策执行效果。

表 4.3 中二级指标权重由 $W$ 来表示，$0 \leqslant W \leqslant 1$，$W$ 越大，表示这一指标越重要。课题组在相关材料基础上，现场咨询九寨沟县 12 名政府工作人员，让他们对 21 个二级指标的相对重要性进行打分，记为 $X$，由此计算出每一评价指标的平均分数，最终得出该项指标权重。

工作人员根据各项二级指标的重要性进行打分，数值为 0 ～ 10 分，0 分表示该二级指标对其所属一级指标的评价没有任何意义，不必设立；10 分表示该二级指标对其所属一级指标的评价绝对重要，不可或缺；2 ～ 9 分表示该项二级指标的重要性介于无意义和绝对重要之间。课题组根据 12 人打分计算出每一个二级评价指标的平均数 $X_n$，再分别代入公式，得到权重 $W_n$，如表 4.4 所示。

各指标权重计算方法如下：

$W_n = X_n / (X_1 + X_2 + X_3)$，$n = 1, 2, 3$

$W_n = X_n / (X_4 + X_5 + X_6 + X_7 + X_8 + X_9)$，$n = 4, 5, 6, 7, 8, 9$

$W_n = X_n / (X_{10}+X_{11}+X_{12}+X_{13})$, $n=10$，11，12，13

$W_n = X_n / (X_{14}+X_{15}+X_{16})$, $n=14$，15，16

$W_n = X_n / (X_{17}+X_{18}+X_{19})$, $n=17$，18，19

$W_n = X_n / (X_{20}+X_{21})$, $n=20$，21

表 4.4　二级指标的最终权重数

| 一级指标 | 二级指标 | 权重数 W |
|---|---|---|
| A1 政策本身 | B1 政策目标的明确性 | 0.34 |
| | B2 政策方案的可行性 | 0.37 |
| | B3 政策对象的普遍性 | 0.29 |
| A2 政策主体 | B4 各部门职能分工清晰程度 | 0.2 |
| | B5 各部门配合程度 | 0.14 |
| | B6 各部门信息透明度 | 0.12 |
| | B7 工作人员的综合素质 | 0.2 |
| | B8 工作人员对政策的认知程度 | 0.14 |
| | B9 工作人员的执行态度 | 0.2 |
| A3 政策客体 | B10 社会组织对于政策的认知度 | 0.19 |
| | B11 社会组织对于灾后重建工作的参与度 | 0.23 |
| | B12 受灾群众对于政策的理解度 | 0.27 |
| | B13 受灾群众对于灾后重建工作的参与度 | 0.31 |
| A4 政策资源 | B14 灾后重建专业技术和管理人员充足性 | 0.26 |
| | B15 灾后重建物资充足性 | 0.37 |
| | B16 灾后重建资金充足性 | 0.37 |
| A5 政策环境 | B17 政治环境 | 0.39 |
| | B18 经济环境 | 0.39 |
| | B19 文化环境 | 0.22 |
| A6 政策执行效果 | B20 社会效益度 | 0.45 |
| | B21 社会满意度 | 0.55 |

由表 4.4 可知，在政策本身这一级指标下，政策方案的可行性权重最大，政策目标的明确性的权重次之，政策对象的普遍性的权重最小，说明政策方案的可行性对于政策本身的评价是最重要的影响因素。

在政策主体这一级指标下，各部门职能分工清晰程度、工作人员的综合素质、工作人员的执行态度权重较高，其次是各部门配合程度和工作人员对政策的认知程度，各部门信息透明度权重最小。综合分析来看，作为政策主体的两大部分——政府部门和工作人员，工作人员的重要性要高于政府部门的重要性。

在政策客体这一级指标下，受灾群众对于灾后重建工作的参与度权重最大，其次是受灾群众对于政策的理解度、社会组织对于灾后重建工作的参与度，最后是社会组织对于政策的认知度。受灾群众的相关指标比社会组织的相关指标更加重要，也反映出灾后重建工作中应该多关注和重视灾后群众的需求。

在政策资源这一级指标下，灾后重建物资充足性和灾后重建资金充足性权重最大，灾后重建专业技术和管理人员充足性权重相对较小。

在政策环境这一级指标下，政治环境和经济环境权重较大，文化环境权重较小。相较而言，政治环境和经济环境对于政策执行效果的影响程度更大。

在政策执行效果这一级指标下，社会满意度的权重数值高于社会效益度的权重数值，社会满意度相较于社会效益度对于政策执行效果的影响更大。

# 第四节　灾后重建政策执行状况

## 一、样本分析

课题组通过随机抽样的方法抽取样本人数 220 人，发出问卷 220 份，回收得到有效问卷 201 份，有效回收率为 91.4%。其中，九寨沟风景名胜区共发出问卷 110 份，回收 100 份，回收率为 90.9%；漳扎镇共发出问卷 110 份，回收 101 份，回收率为 91.8%。

本次调查总共收集 201 个样本，从性别上来看，男性人数略多于女性人数，女性 98 人，占比 48.8%，男性 103 人，占比 51.2%。从年龄分布来看，样本主要集中于中青年，其中，18 岁以下 5 人，占比 2.5%；18 ～ 45 岁 131 人，占比 65.2%；46 ～ 59 岁 47 人，占比 23.4%；60 岁及以上 18 人，占比 9.0%。从民族分布来看，藏族样本人数最多，为 119 人，占比 59.2%；其次是汉族 62 人，占比 30.8%；有少部分羌族和回族，羌族 13 人，占比 6.5%；回族 7 人，占比 3.5%，符合九寨沟震区的民族分布特征。从文化程度来看，被调查者主要是高中或中专学历，高中或中专 89 人，占比 44.3%；小学及以下文化程度的人数最少，仅为 14 人，占比 7.0%；初中 28 人，占比 13.9%；大专及以上 70 人，占比 34.8%。具体如表 4.5 所示。

### 表 4.5　样本人口学特征

| 统计项 | 类别 | 人数 | 有效百分比（%） |
|---|---|---|---|
| 性别 | 男 | 103 | 51.2 |
|  | 女 | 98 | 48.8 |
| 年龄 | 18 岁以下 | 5 | 2.5 |
|  | 18～45 岁 | 131 | 65.2 |
|  | 46～59 岁 | 47 | 23.4 |
|  | 60 岁及以上 | 18 | 9.0 |
| 民族 | 汉族 | 62 | 30.8 |
|  | 藏族 | 119 | 59.2 |
|  | 羌族 | 13 | 6.5 |
|  | 回族 | 7 | 3.5 |
| 受教育程度 | 小学及以下 | 14 | 7.0 |
|  | 初中 | 28 | 13.9 |
|  | 高中或中专 | 89 | 44.3 |
|  | 大专及以上 | 70 | 34.8 |

## 二、影响因素相关性分析

本书运用 SPSS 25.0 软件对变量政策本身、政策主体、政策客体、政策资源、政策环境、政策执行效果进行相关性分析，验证假设。各变量计算公式如下：

政策本身＝政策目标的明确性 ×0.34 + 政策方案的可行性 ×0.37 + 政策对象的普遍性 ×0.29

政策主体＝各部门职能分工清晰程度 ×0.2 + 各部门配合程度 ×0.14 + 各部门信息透明度 ×0.12 + 工作人员的综合素质

×0.2 + 工作人员对政策的认知度 ×0.14 + 工作人员的执行态度 ×0.2

工作部门 =（各部门职能分工清晰程度 ×0.2 + 各部门配合程度 ×0.14 + 各部门信息透明度 ×0.12）/0.48

工作人员 =（工作人员的综合素质 ×0.2 + 工作人员对政策的认知度 ×0.14 + 工作人员的执行态度 ×0.2）/0.52

政策客体 = 社会组织对于政策的认知度 ×0.19 + 社会组织对于灾后重建工作的参与度 ×0.23 + 受灾群众对于政策的理解度 ×0.27+ 受灾群众对于灾后重建工作的参与度 ×0.31

社会组织 =（社会组织对于政策的认知度 ×0.19 + 社会组织对于灾后重建工作的参与度 ×0.23）/0.42

灾区群众 =（受灾群众对于政策的理解度 ×0.27 + 受灾群众对于灾后重建工作的参与度 ×0.31）/0.58

政策资源 = 灾后重建专业技术和管理人员充足性 ×0.26 + 灾后重建物资充足性 ×0.37 + 灾后重建资金充足性 ×0.37

政策环境 = 政治环境 ×0.39 + 经济环境 ×0.39 + 文化环境 ×0.22

政策效果 = 社会效益度 ×0.45 + 社会满意度 ×0.55

（一）验证政策本身与政策执行效果之间的相关性

通过相关性分析，测量出政策本身与政策执行效果之间的关系，如表 4.6 所示。政策目标的明确性与政策执行效果的相关系数为 0.349，说明政策目标的明确性与政策执行效果存在着正相关关系，且通过了显著性检验，政策目标越明确，政策执行效果越好。

政策方案的可行性与政策执行效果的相关系数为 0.708，说明政策方案的可行性与政策执行效果存在着较强的正相关关系，且通过了显著性检验，政策方案可行性越高，政策执行效果越好。

政策对象的普遍性与政策执行效果的相关系数为 0.602，说明政策对象的普遍性与政策执行效果存在着较强的正相关关系，且通过了显著性检验，政策对象的普遍性越高，政策执行效果越好。

表 4.6　政策本身与政策执行效果之间的相关性

| 类目 | 指标名称 | 政策本身与政策执行效果之间的相关系数 |
|---|---|---|
| 政策目标的明确性 | 皮尔逊相关性 | 0.349** |
| | Sig.（双尾） | 0.000 |
| 政策方案的可行性 | 皮尔逊相关性 | 0.708** |
| | Sig.（双尾） | 0.000 |
| 政策对象的普遍性 | 皮尔逊相关性 | 0.602** |
| | Sig.（双尾） | 0.000 |
| 政策本身 | 皮尔逊相关性 | 0.754** |
| | Sig.（双尾） | 0.000 |

注：** 表示相关性在 0.01 显著性水平上显著（双尾），余同。

政策本身与政策执行效果的相关系数为 0.754，呈现较强的正相关，而且该相关系数的显著性水平 0.000 极其显著❶，证明

---

❶　相关性系数中 ** 代表显著性 $P$ 值或者说 Sig 值小于 0.01，即变量间相关显著的结论犯错误的可能性是 1%，$P<0.01$ 表示存在较强的显著性差异。统计学标准表示，相关系数 $| r |$ 在 0.8~1.0 是极强相关；0.6~0.8 是强相关；0.4~0.6 是中等相关；0.2~0.4 是弱相关；0.0~0.2 则是极弱相关或无相关。结果表示，相关系数的显著性水平 $P=0.000<0.01$，表示差异性极其显著。

研究假设 1，即政策本身对政策执行效果有显著影响成立，政策本身显著影响政策执行效果。

## （二）验证政策主体与政策执行效果之间的相关性

通过相关性分析，测量出政策主体与政策执行效果之间的关系，如表 4.7 所示。各部门职能分工清晰程度与政策执行效果的相关系数为 0.580，说明各部门职能分工清晰程度与政策执行效果存在着正相关关系，且通过了显著性检验，各部门职能分工越清晰，政策执行效果越好。

各部门配合程度与政策执行效果的相关系数为 0.282，说明各部门配合程度与政策执行效果存在着正相关关系，且通过了显著性检验，各部门配合程度越高，政策执行效果相对较好。

各部门信息透明度与政策执行效果的相关系数为 0.232，说明各部门信息透明度与政策执行效果存在着正相关关系，且通过了显著性检验，各部门信息透明度越高，政策执行效果相对较好。

工作人员的综合素质与政策执行效果的相关系数为 0.443，说明工作人员的综合素质与政策执行效果存在着正相关关系，且通过了显著性检验，工作人员的综合素质越高，政策执行效果越好。

工作人员对政策的认知度与政策执行效果的相关系数为 0.428，说明工作人员对政策的认知度与政策执行效果存在着正相关关系，且通过了显著性检验，工作人员对政策的认知度越高，政策执行效果越好。

工作人员的执行态度与政策执行效果的相关系数为 0.467，说明工作人员的执行态度与政策执行效果存在着正相关关系，且通过了显著性检验，工作人员的执行态度越好，政策执行效果越好。

政策主体与政策执行效果的相关系数为 0.635，呈现较强的正相关，而且该相关系数的显著性水平为 0.000，表示极其显著，证明研究假设 2 成立，即政策主体对政策执行效果有显著影响成立，政策主体显著影响政策执行效果。

表 4.7　政策主体与政策执行效果之间的相关性

| 类目 | 指标名称 | 政策执行效果 |
|---|---|---|
| 各部门职能分工清晰程度 | 皮尔逊相关性 | 0.580** |
| | Sig.（双尾） | 0.000 |
| 各部门配合程度 | 皮尔逊相关性 | 0.282** |
| | Sig.（双尾） | 0.000 |
| 各部门信息透明度 | 皮尔逊相关性 | 0.232** |
| | Sig.（双尾） | 0.001 |
| 工作人员的综合素质 | 皮尔逊相关性 | 0.443** |
| | Sig.（双尾） | 0.000 |
| 工作人员对政策的认知度 | 皮尔逊相关性 | 0.428** |
| | Sig.（双尾） | 0.000 |
| 工作人员的执行态度 | 皮尔逊相关性 | 0.467** |
| | Sig.（双尾） | 0.000 |
| 政策主体 | 皮尔逊相关性 | 0.635** |
| | Sig.（双尾） | 0.000 |

工作部门与政策执行效果的相关系数为 0.517，工作人员与政策执行效果的相关系数为 0.652，都通过了显著性检验，说明工作人员相较于工作部门与政策执行效果存在着更强的正相关关系，证明研究假设 3 成立，即工作人员对政策执行效果的影响大于工作部门对政策执行效果的影响，如表 4.8 所示。

**表 4.8  工作部门、工作人员与政策执行效果之间的相关性**

| 类目 | 指标名称 | 政策执行效果 |
|---|---|---|
| 工作部门 | 皮尔逊相关性 | 0.517** |
| | Sig.（双尾） | 0.000 |
| 工作人员 | 皮尔逊相关性 | 0.652** |
| | Sig.（双尾） | 0.000 |

## （三）政策客体与政策执行效果之间的相关性

通过相关性分析，测量出政策客体与政策执行效果之间的关系，如表 4.9 所示。社会组织对政策的认知度与政策执行效果的相关系数为 0.370，说明社会组织对政策的认知度与政策执行效果存在着正相关关系，且通过了显著性检验，社会组织对政策的认知度越高，政策执行效果越好。

社会组织对灾后重建工作的参与度与政策执行效果的相关系数为 0.250，说明社会组织对灾后重建工作的参与度与政策执行效果存在着较弱正相关关系，且通过了显著性检验，社会组织对灾后重建工作的参与度越高，政策执行效果相对较好。

受灾群众对政策的理解度与政策执行效果的相关系数为

0.362，说明受灾群众对政策的理解度与政策执行效果存在着正相关关系，且通过了显著性检验，受灾群众对政策的理解度越高，政策执行效果相对较好。

受灾群众对灾后重建工作的参与度与政策执行效果的相关系数为0.596，说明受灾群众对灾后重建工作的参与度与政策执行效果存在着正相关关系，且通过了显著性检验，受灾群众对灾后重建工作的参与度越高，政策执行效果越好。

政策客体与政策执行效果之间的相关系数为0.619，呈现较强的正相关关系，而且该相关系数的显著性水平为0.000，表示极其显著，证明研究假设4成立，即政策客体对政策执行效果有显著影响。

表4.9　政策客体与政策执行效果之间的相关性

| 类目 | 指标名称 | 政策执行效果 |
|---|---|---|
| 社会组织对政策的认知度 | 皮尔逊相关性 | 0.370** |
| | Sig.（双尾） | 0.000 |
| 社会组织对灾后重建工作的参与度 | 皮尔逊相关性 | 0.250** |
| | Sig.（双尾） | 0.000 |
| 受灾群众对政策的理解度 | 皮尔逊相关性 | 0.362** |
| | Sig.（双尾） | 0.000 |
| 受灾群众对灾后重建工作的参与度 | 皮尔逊相关性 | 0.596*** |
| | Sig.（双尾） | 0.000 |
| 政策客体 | 皮尔逊相关性 | 0.619** |
| | Sig.（双尾） | 0.000 |

社会组织与政策执行效果的相关系数为0.345，灾区群众与

政策执行效果的相关系数为 0.605，都通过了显著性检验，说明灾区群众相较于社会组织与政策执行效果存在着更强的正相关关系，证明研究假设 5 成立，即灾区群众对政策执行效果的影响大于社会组织对政策执行效果的影响。

表 4.10　社会组织、灾区群众与政策执行效果之间的相关性

| 类目 | 指标名称 | 政策执行效果 |
|---|---|---|
| 社会组织 | 皮尔逊相关性 | 0.345** |
| | Sig.（双尾） | 0.000 |
| 灾区群众 | 皮尔逊相关性 | 0.605** |
| | Sig.（双尾） | 0.000 |

## （四）政策资源与政策执行效果之间的相关性

通过相关性分析，测量出政策资源与政策执行效果之间的关系，如表 4.11 所示。灾后重建专业技术和管理人员充足性与政策执行效果的相关系数为 0.880，说明灾后重建专业技术和管理人员充足性与政策执行效果存在着强正相关关系，且通过了显著性检验，灾后重建专业技术和管理人员越充足，政策执行效果越好。

灾后重建物资充足性与政策执行效果的相关系数为 0.482，说明灾后重建物资充足性与政策执行效果存在着强正相关关系，且通过了显著性检验，灾后重建物资越充足，政策执行效果越好。

灾后重建资金充足性与政策执行效果的相关系数为 0.831，

说明灾后重建资金充足性与政策执行效果存在着强正相关关系，且通过了显著性检验，灾后重建资金越充足，政策执行效果越好。

政策资源与政策执行效果的相关系数为 0.883，呈现超强的正相关关系，而且该相关系数的显著性水平为 0.000，表示极其显著，证明研究假设 6 成立，即政策资源对政策执行效果有显著影响的假设成立。

表4.11　政策资源与政策执行效果之间的相关性

| 类目 | 指标名称 | 政策执行效果 |
|---|---|---|
| 灾后重建专业技术和管理人员充足性 | 皮尔逊相关性 | 0.880** |
| | Sig.（双尾） | 0.000 |
| 灾后重建物资充足性 | 皮尔逊相关性 | 0.482** |
| | Sig.（双尾） | 0.000 |
| 灾后重建资金充足性 | 皮尔逊相关性 | 0.831** |
| | Sig.（双尾） | 0.000 |
| 政策资源 | 皮尔逊相关性 | 0.883** |
| | Sig.（双尾） | 0.000 |

（五）验证政策环境与政策执行效果之间的相关性

通过相关性分析，测量出政策环境与政策执行效果之间的关系，如表 4.12 所示。

政治环境与政策执行效果的相关系数为 0.244，说明政治环境与政策执行效果存在着正相关关系，且通过了显著性检验，政治环境越好，政策执行效果就越好。

经济环境与政策执行效果的相关系数为 0.214，说明经济环境与政策执行效果存在着正相关关系，且通过了显著性检验，经济环境越好，政策执行效果也越好。

文化环境与政策执行效果的相关系数为 0.118，虽然文化环境与政策执行效果存在着正相关关系，但未通过显著性检验，说明文化环境与政策执行效果之间不存在相关性。

政策环境与政策执行效果的相关系数为 0.247，呈较弱正相关关系，且通过显著性检验，也就是说，相比于政治环境、经济环境与文化环境三方面的因素而言，政策环境对政策执行效果影响更直接、更有效、更显著。因此，研究假设 7 政策环境对政策执行效果有显著影响得到有力的验证。

表 4.12 政策环境与政策执行效果之间的相关性

| 类目 | 指标名称 | 政策执行效果 |
| --- | --- | --- |
| 政治环境 | 皮尔逊相关性 | 0.244** |
| | Sig.（双尾） | 0.000 |
| 经济环境 | 皮尔逊相关性 | 0.214** |
| | Sig.（双尾） | 0.002 |
| 文化环境 | 皮尔逊相关性 | 0.118 |
| | Sig.（双尾） | 0.094 |
| 政策环境 | 皮尔逊相关性 | 0.247** |
| | Sig.（双尾） | 0.000 |

通过分析基于史密斯政策执行过程模型和霍恩—米特模型构建的政策执行评价框架，发现政策本身、政策主体、政策客体、政策资源和政策环境都对政策执行效果有不同程度的影响。

7个研究假设中，研究假设1至研究假设6都得到验证，研究假设7政策环境对政策执行效果有显著影响没有得到有力的验证。政策资源对于政策执行效果影响最为显著，其次是政策本身、政策主体、政策客体，相比较而言影响程度最弱的是政策环境（表4.13）。下一步，需根据各变量的指标得分，进一步分析其内在原因与外部因素。

表4.13　五大影响因素与政策执行效果之间的相关性

| 类目 | 指标名称 | 政策执行效果 |
|---|---|---|
| 政策本身 | 皮尔逊相关性 | 0.754** |
|  | Sig.（双尾） | 0.000 |
| 政策主体 | 皮尔逊相关性 | 0.635** |
|  | Sig.（双尾） | 0.000 |
| 政策客体 | 皮尔逊相关性 | 0.619** |
|  | Sig.（双尾） | 0.000 |
| 政策资源 | 皮尔逊相关性 | 0.883** |
|  | Sig.（双尾） | 0.000 |
| 政策环境 | 皮尔逊相关性 | 0.247** |
|  | Sig.（双尾） | 0.000 |

## 三、五维度评价分析

通过运用SPSS 25.0进行数据分析，发现九寨沟震区灾后重建政策执行的指标得分集中在2～5分，将得分2～2.99分视为不合格，3～3.99分视为合格，4～4.99分视为良好，可得出以下结论，如表4.14所示。

　　九寨沟震区灾后重建的政策本身这一维度得分为3.58，属于合格水平，评价结果说明政策本身在灾后重建政策执行过程中总体情况一般。政策目标的明确性得分为4.20，说明政策目标有较高的明确性，但在政策方案的可行性和政策对象的普遍性上得分不高，说明政策方案的可操作性存在问题，也存在相关受灾群体未被纳入政策对象范围的情况。

表4.14　政策本身维度的描述性统计（N=201）

| 类目 | 平均值 | 最小值 | 最大值 | 标准偏差 |
|---|---|---|---|---|
| 政策目标的明确性 | 4.20 | 4.00 | 5.00 | 0.400 |
| 政策方案的可行性 | 3.30 | 2.00 | 4.00 | 0.781 |
| 政策对象的普遍性 | 3.20 | 2.00 | 5.00 | 0.872 |
| 政策本身 | 3.58 | 2.68 | 4.29 | 0.537 |

　　九寨沟震区灾后重建的政策主体这一维度得分为3.49，属于合格水平，说明政策主体在灾后重建政策执行过程中总体情况一般。其中，根据执行部门职能分工清晰程度、部门配合程度和信息透明度三项得分3.00、3.31和4.49，计算执行部门综合得分为3.60。根据工作人员综合素质、工作人员对政策的认知度和工作人员的执行态度三项得分3.21、4.76和4.78，计算执行工作人员综合得分为4.25。执行部门在信息透明度方面表现良好，但在职能分工清晰程度、配合程度方面存在一些问题。可见，工作人员执行态度良好，并对政策认知度高，但综合素质未达到良好水平（表4.15）。

表 4.15　政策主体维度的描述性统计（N=201）

| 类目 | 平均值 | 最小值 | 最大值 | 标准偏差 |
|---|---|---|---|---|
| 执行部门职能分工清晰程度 | 3.00 | 2.00 | 4.00 | 0.632 |
| 部门配合程度 | 3.31 | 2.00 | 5.00 | 0.661 |
| 信息透明度 | 4.49 | 4.00 | 5.00 | 0.496 |
| 工作人员综合素质 | 3.21 | 2.00 | 5.00 | 0.774 |
| 工作人员对政策的认知度 | 4.76 | 3.00 | 5.00 | 0.442 |
| 工作人员的执行态度 | 4.78 | 3.00 | 5.00 | 0.430 |
| 政策主体 | 3.49 | 2.68 | 4.14 | 0.374 |

九寨沟震区灾后重建政策客体这一维度得分为 3.78，属于合格水平，说明政策客体在灾后重建政策执行过程中总体情况一般。其中，根据社会组织对政策的认知度和对灾后重建工作的参与度两项指标平均值 4.10 和 4.50，社会组织综合得分为 4.30。根据受灾群众对政策的理解度和对灾后重建参与度得分 4.20 和 2.70，得出受灾群众综合得分为 3.45。社会组织对政策的理解度和对灾后重建工作的参与度，以及受灾群众对政策的理解度都处于良好水平，但是受灾群众对灾后重建工作的参与度低，得分仅为 2.70 分，属于不合格水平，说明受灾群众在参与灾后重建工作中出现了问题（表 4.16）。

表 4.16　政策客体维度的描述性统计（N=201）

| 类目 | 平均值 | 最小值 | 最大值 | 标准偏差 |
|---|---|---|---|---|
| 社会组织对政策的认知度 | 4.10 | 4.00 | 5.00 | 0.300 |
| 社会组织对灾后重建工作的参与度 | 4.50 | 4.00 | 5.00 | 0.501 |

续表

| 类目 | 平均值 | 最小值 | 最大值 | 标准偏差 |
|---|---|---|---|---|
| 受灾群众对政策的理解度 | 4.20 | 4.00 | 5.00 | 0.400 |
| 受灾群众对灾后重建工作的参与度 | 2.70 | 2.00 | 3.00 | 0.459 |
| 政策客体 | 3.78 | 3.38 | 4.38 | 0.281 |

九寨沟震区灾后重建政策资源这一维度得分为 4.13，属于良好水平，说明政策资源在灾后重建政策执行过程中总体情况较好。灾后重建政策执行获得了良好的物力和财力资源，得分都在4 分以上，但人力资源灾后重建专业技术和管理人员充足性得分仅为 2.80，说明人力资源方面较为欠缺，特别是专业技术人员和管理人员（表 4.17）。

表 4.17　政策资源维度的描述性统计（N=201）

| 类目 | 平均值 | 最小值 | 最大值 | 标准偏差 |
|---|---|---|---|---|
| 灾后重建专业技术和管理人员充足性 | 2.80 | 2.00 | 4.00 | 0.750 |
| 灾后重建物资充足性 | 4.50 | 4.00 | 5.00 | 0.501 |
| 灾后重建资金充足性 | 4.70 | 4.00 | 5.00 | 0.459 |
| 政策资源 | 4.13 | 3.48 | 4.74 | 0.456 |

九寨沟震区灾后重建的政策环境这一维度得分为 4.57，属于良好水平，说明政策环境在灾后重建政策执行过程中总体情况较好。政治、经济和文化环境得分都在 4 分以上，属于良好水平，都有利于灾后重建政策的执行（表 4.18）。

表4.18　政策环境维度的描述性统计（*N*=201）

| 类目 | 平均值 | 最小值 | 最大值 | 标准偏差 |
|---|---|---|---|---|
| 政治环境 | 4.57 | 4.00 | 5.00 | 0.571 |
| 经济环境 | 4.56 | 4.00 | 5.00 | 0.572 |
| 文化环境 | 4.59 | 3.00 | 5.00 | 0.594 |
| 政策环境 | 4.57 | 3.44 | 5.00 | 0.476 |

　　九寨沟震区灾后重建政策执行效果得分为2.84，属于不合格水平，说明政策执行效果较不理想。其中，社会效益度得分为2.90，社会满意度得分为2.80，灾后重建的社会效益度与满意度均不理想（表4.19）。

表4.19　政策执行效果维度的描述性统计（*N*=201）

| 类目 | 平均值 | 最小值 | 最大值 | 标准偏差 |
|---|---|---|---|---|
| 社会效益度 | 2.90 | 2.00 | 4.00 | 0.703 |
| 社会满意度 | 2.80 | 2.00 | 4.00 | 0.600 |
| 政策执行效果 | 2.84 | 2.00 | 3.55 | 0.546 |

　　九寨沟震区灾后重建政策执行的五大影响因素得分从高到低排序为政策环境、政策资源、政策客体、政策主体、政策本身，表明政策环境、政策资源、政策主体和政策客体在灾后重建政策执行过程中发挥作用较好，但是政策本身在政策执行过程中发挥的作用有限（表4.20）。因此，需要从得分低的影响因素出发，分析其内在问题，找出问题的根源，以探究解决政策执行困境的现实方法。

**表4.20　五大影响因素的描述性统计（N=201）**

| 类目 | 平均值 | 最小值 | 最大值 | 标准偏差 |
|------|--------|--------|--------|----------|
| 政策环境 | 4.5726 | 3.44 | 5.00 | 0.47507 |
| 政策资源 | 4.1324 | 3.48 | 4.74 | 0.45536 |
| 政策客体 | 3.7845 | 3.38 | 4.38 | 0.28055 |
| 政策主体 | 3.8764 | 3.06 | 4.54 | 0.35879 |
| 政策本身 | 3.5758 | 2.68 | 4.29 | 0.53662 |

# 第五节　灾后重建政策执行的困境

## 一、政策本身的困境

政策本身主要从政策目标、政策范围和政策方案等方面进行评价。在九寨沟震区灾后重建政策执行中，因政策目标缺乏可操作性、政策范围有局限、政策方案缺乏针对性等问题影响了政策执行效果。

### （一）政策目标

2017年九寨沟县发生7.0级地震，根据地震灾后重建的要求，需用三年时间基本完成灾后恢复重建任务，到2020年与全国同步实现全面建成小康社会目标。灾后重建时间为三年，但此次地震灾情特殊，具有破坏力强、损失惨重、影响力大、衍生灾害特别严重的特点，时间紧迫、重建任务量大且复杂，政策目标

难以在限定时间内达成。因此，道路重建、景区恢复等工程存在
赶工期、完成度低或质量不佳等情况，甚至因急于求成出现返
工的情况。国道 G544 线川主寺镇至九寨沟县城段在地震中严重
受损，作为连通灾区与外界的要道，抓紧时间抢修成了灾后重
建工作的重中之重。为确保抢修的效率，国道 G544 线在短时间
内顺利畅通，但不久路面出现开裂、坑洼等情况，不得不进行返
工。九寨沟震区灾后重建总体规划完善周全，但未结合具体灾
情，存在政策目标缺乏实际可行性的问题，为政策有效执行带来
了阻碍。

## （二）政策范围

在《"8·8"九寨沟地震灾后恢复重建总体规划》中，明确
规划范围为九寨沟县、松潘县、若尔盖县、平武县的 18 个乡镇，
覆盖国土面积 9223 平方千米，人口 88983 人，但实际操作范围
存在局限性。

### 1. 外地客商未被纳入政策范围

ZZ 村位于阿坝州东部、九寨沟县城西部，地处漳扎镇的腹
地；东西长 5.5 千米，南北宽 2 千米，面积 11 平方千米。全村
辖三个自然村、三个村民小组，有藏族、汉族、回族、羌族四
个民族。总人口 748 人，315 户，藏族占总人口的 99.5%。九环
公路横贯村寨，距九寨沟口 7 千米，距九寨沟县城 49 千米，是
漳扎镇政治、经济、文化教育的中心。ZZ 村地处九寨沟景区外

围地段，村域内有村民自有产权的鑫源、长青等宾馆、饭店 36 家，"藏家乐" 216 家；有外地客商投资修建的新九寨宾馆、九寨御庭、格桑、天源豪生大酒店等 60 余家宾馆、酒店，占比达 24%。地震发生后，来九寨沟旅游的游客大幅减少。2017 年 8 月至 2018 年 3 月，九寨沟景区全面关闭，旅游业萧条，外地客商投资和经营的酒店和宾馆都处于歇业状态，绝大多数外地客商选择回乡另谋生路，经济损失惨重。

**案例 1 访谈对象：九寨沟县漳扎镇 ZZ 村御庭酒店老板 LY**

"地震后政府对你们酒店有补助吗？" "除了把外面的马路修好了，其他啥子补贴都莫得。"

"那景区关闭后，你们生意如何？" "没得游客来了，我们就把酒店关了，回老家了，酒店房租照付，收入都没有，我之前赚的钱全部亏了。"

客商作为依靠当地旅游业发展的群体，依靠投资或租赁商铺经营，在灾后重建过程中未被纳入政策范围，歇业期间缺乏经济补贴与实际政策帮助。震后九寨沟景区关闭期间，客商投资回报率低，经营损失惨重，打击了客商的投资与经营积极性，不利于当地经济的长远发展。

### 2. 部分居民未被纳入政策范围

HP 二村位于九寨沟县老城区，是以汉族为主，回族、藏

族、羌族等其他民族杂居的行政村，分两个村民小组。截至
2015 年，有村民约 254 户、916 人。HP 社区位于九寨沟县老城
区，于 2004 年建成，常住人口（截至 2017 年年底）为 2567 户
（其中自建房 145 户），6706 人。HP 社区和 HP 二村同位于九寨
沟县老城区，由于 HP 社区房屋属于钢筋混凝土结构，受损程度
低，因此除自建房 145 户居民外，所有居民未获得任何救助或补
助。HP 二村村民房屋都属于自建房，因此每户均获得了应急救
助、受损住房（修复 / 加固）补助和居民住房维修加固期间临时
生活救助，为此 HP 社区的居民产生了不满情绪。

**案例 2 访谈对象：九寨沟县永乐镇 HP 社区党支部书记 LGL**
"HP 社区和 HP 二村灾后补助一样吗？""当然不一样。我
们社区只有 145 户自建房居民获得了 300 块钱的补贴，其他居民
什么都没有，HP 二村的农民每户至少 3000 元。所以我们社区居
民意见都很大啊！"

地理位置相近的受灾居民未被纳入政策补贴范围，导致其
易产生不满情绪，进而对其他政策措施产生抵抗情绪，不利于灾
后重建工作的顺利开展。

（三）政策方案

由于对灾后重建工作的研究不深入、不全面、不充分，在
制定相关灾后重建的政策时，没有广泛动员灾区群众参与，仅听

取专家学者或精英集团的意见，容易成为"异地的憧憬者"。造成部分政策缺乏科学性和有效性，忽视了受灾群众的真实想法与需求，不能真正解决群众之所需、之所想。

九寨沟震区分布着数量众多的民族村寨，因为生产和生活方式的不同，村寨民居逐渐分化成四种不同的类型：第一类是原始的自建自住民居，大多依山而建，多为二楼一底土木结构，外院种植，底层蓄养牲畜，中层为人居空间，上层堆放粮食和杂物，有大量的储物空间；第二类是半传统半商业型民居，随着生活习惯的改变及为了满足商业需要，居民对原有的民居进行了改建，使其既能满足传统生产对于空间的要求，也能满足外来游客居住的需要；第三类是以居民自住为主的新型民居，建造上多采用新材料，如水泥、砖石、混凝土等，建造方式也更加现代化，不再保留蓄养和种植的空间布局；第四类是由于城镇化规模不断扩大，在商业、餐饮、旅游住宿等行业逐渐成熟的背景下产生的住宅模式，这类民居多为多层建筑，主要用于经营。第一类和第二类作为具有少数民族特色的民居，是民族村寨主要的建筑形式，由于其抗灾能力弱、地理位置较为偏僻，相比于城市社区地震带来的损失更为惨重。

**案例 3 访谈对象：九寨沟县漳扎镇 Z 村藏族村民 ZWZX**

"您家房子在地震中受损严重吗？""我屋底楼都塌了，楼上也裂了条大缝。政府给了 8000 块钱，但是给的钱不够我们修房子啊！屋头本来就没得啥子钱，哪里还有多的钱拿来修屋嘛！"

　　该村民的藏式住宅属于二层纯木结构，抗震能力弱，在地震中受损严重，屋内出现较大裂缝，底楼的畜圈处墙体部分倒塌。第三方检测机构对其房屋破坏程度进行鉴定，结果为严重破坏，政府对其补偿 8000 元用于房屋的修复，但实际修复费用远不止 8000 元。房屋修复的费用增加了村民的经济负担。

　　对于九寨沟震区的不同村寨（社区）、同一村寨（社区）的不同村民（居民）、不同类型的民居、村民（居民）不同的经济状况，政策针对性不强。灾后重建政策未考虑民族村寨综合防灾能力差、缺乏相应防灾减灾安全机制的问题。由于灾后重建、灾后管理等相关研究较为薄弱，当地政府在制定相关政策时未具体分析问题，部分政策存在缺乏科学性和针对性的弊端。

## 二、政策主体的困境

　　政策主体按照层次划分，可分为政府工作部门和工作人员两部分。工作部门主要存在职能分工不清、缺乏沟通协作的问题；工作人员能力高低有别、工作任务繁重等问题为政策有效执行带来了阻碍。

### （一）部门协调机制不健全

　　"部门间协调是指在公共管理过程中，政府部门之间建立相互协作和主动配合的良好关系，以有效利用各种资源，实现共同

　　预期目标的活动。"❶灾后重建的主体是地方政府，实现高效、快
速的重建目标，就需要政府相关部门相互配合和协作，充分整合
行政资源和社会资源。而政府部门间协作则需要与之相适应的规
范和机制，调整不同部门间的利益冲突，才能避免政令不畅、相
互扯皮等不良现象。政府部门职能分工是行政专业化的结果，现
代政府部门间的职能分工也存在"碎片化"问题，条块分割、各
负其责。灾后重建恢复是一个涉及多方面、多领域的复杂项目，
单一部门既无能力也无条件应对处理，需要政府多部门协作配
合，这就要求政府部门间形成整体性。碎片化和整体性之间存在
一定程度的冲突和张力，需要建立健全相应的协调机制来化解。

　　灾后重建工作部门因工作职能的不同导致其在实际灾后重
建工作中侧重点不同。九寨沟灾后重建主体主要涉及各乡（镇）
人民政府、县民政局、县财政局、县城乡规划建设和住房保障
局、县住房保障局、县纪委和监察局等政府部门。根据政策规
定，各乡（镇）人民政府主要负责落实相关政策并进行日常管理
统筹等工作；县民政局主要统筹协调临时生活补助发放工作和负
责相关政策的宣传和解释；县财政局负责筹措和管理补助资金，
监督并核实各类补助资金的发放过程；县城乡规划建设和住房保
障局主要负责受损民居、建筑的安全鉴定工作；县纪委和监察局
负责对相关灾后重建政策执行过程中的干部违纪违法行为进行查
处。各政府机构及部门有明确的权责划分，但政策文件对于实际

---

❶　李积万. 我国政府部门间协调机制的探讨 [J]. 汕头大学学报（人文社会科学版），
2008（6）：62.

操作中各政府机构及部门的职能分工界定模糊，大而化之，缺乏清晰、明确的工作细则与指导方案，出现了政策执行中的职能交叉、重复，导致某些政策文件难以落实。

政策执行工作是一项涉及面广、参与执行部门多、纷繁复杂的任务，需要政府机构之间、部门与部门之间相互配合，及时沟通，确定任务节点与任务执行策略。但在实际执行过程中，由于缺乏有效的沟通机制，会出现各政策主体对于政策的理解不同而各自为政的情况，易导致政策执行冲突，大大降低了政策执行的有效度。

## （二）工作人员能力参差不齐

政策主体的执行能力是政策有效执行的重要影响因素。政策主体在政策执行方面的能力越强，越能高效、高质量地达成政策执行目标。灾后重建领导小组选派人员素质能力的高低决定着政策执行效果。灾后重建领导小组选派人员来自不同的工作部门，拥有不同的性格特征和处事原则，导致在工作完成度方面出现了较大差异。一是由于工作人员知识、经验和背景的不同，其对于政策的认识和理解也不同。如果对政策理解不够透彻，容易出现对政策的误解，导致对政策的不认同和政策执行不坚决、不到位，从而影响政策效果。二是工作人员的实际操作能力和实施能力存在差异，一些工作人员能够熟练使用办公软件及现代化办公系统，但有的工作人员因循守旧，对现代化的办公技术使用能力较差，采用老方法、老方式解决灾后重建工作问题，导致政策执行效率低下。三是灾后重建工作所急需的专业规划设计人员、对于少数民族特色文化传承和保护的研究人员相对缺乏，对灾后重建缺乏专业性的指导。有的工作人员在负责自己本职工作的情况下，同时兼顾灾后重建工作，任务繁重。

**案例 4 访谈对象：九寨沟管理局工作人员 LL**

"您在灾后重建工作中有什么困难吗？""主要还是工作量吧，我平时的工作量比较大，地震后被选派来九寨沟管理局，现在主要负责九寨沟民族村寨的保护与发展工作，但是也需要完成部分原单位的任务。"

由于九寨沟灾后重建工作任务紧急且量大，工作人员难以有效分配时间与精力，因此在灾后重建工作中完成度较差。

## 三、政策客体的困境

政策客体主要包括灾区群众和社会组织两大群体。九寨沟"8·8"地震发生后，成立了四川省"8·8"社会组织和志愿者协调中心，主要负责社会力量的登记和组织，积极协调广大社会组织和志愿者有序、有效地参与抗震救灾工作。各社会组织及志愿者们在有序的引导下，在灾民救援、物资运输和发放等方面都做出了突出贡献，但调查结果显示，灾区群众对于灾后重建工作的参与度较低。

## （一）群众参与度低

现代政治学理论认为，国家治理一般都将社会建设划分为政府、市场和社会三大领域，政府管理权力有其限度，凡是不需要政府参与的事务一律交给市场和社会来解决。有研究者指出："社会治理是如此，防灾减灾也是如此，具体表现为政府机构、私人部门和社会组织在防灾减灾中各自扮演必要的角色，发挥重要的功能，进行良性互动。"❶

从世界范围来看，在防灾减灾和灾后重建工作方面，西方发达国家更加重视发挥市场机制和社会组织的作用，政府管的比较少。总体来看，西方发达国家倡导政府、社会和市场发挥各自优势，而欠发达国家社会组织不发达，主要依靠国际组织或者其他国家援助进行灾后重建。中国作为社会主义国家，党和政府以为人民服务为宗旨，凡是发生危及人民生命财产安全的灾害，政府必定会发挥自身优势主导防灾救灾和灾后重建，其能力和成效也被世界各国所认可。但是，随着中国社会力量和市场机制的发展完善，有条件有能力的社会组织越来越多。引导社会组织参与防灾减灾和灾后重建，能够有效补充政府主导灾后重建的"边际效益递减"的问题。九寨沟震区社会组织在参与救援、交通疏导、物资捐助、秩序维护等灾后重建工作中发挥了巨大的作用。

九寨沟震区灾后重建过程中，政府是主导者，村民是参与者和承担者。灾后重建的成效直接关系每位灾区群众的生活，灾

---

❶　童星.防灾减灾与社会治理[J].中州学刊，2014（6）：13.

区群众理应积极参与、主动承担。对于正处于转型期的中国政府来说，公众对于公共政策执行的积极参与，有利于缓和社会矛盾，从而加速政府转型。❶灾区群众作为灾后需求的主要发出者和灾后重建最为直接的受益人，其行为将直接影响灾后重建政策的执行效果。而在实际灾后建设过程中，相较于社会组织，灾区群众对于灾后重建的参与度较低。

**案例5访谈对象：九寨沟县漳扎镇ZZ村御庭酒店保洁人员LN**

"您有参加灾后重建工作吗？""没有。我白天在酒店里做保洁，晚上去对面的火锅店帮忙。地震后的灾后重建没人通知我去，我也干不了那些工作。"

因灾后重建工作的专业性高、技术难度大，对于灾后重建参与人员的素质要求高，且可供群众参与的工作种类少，灾区群众自身所能提供的灾后重建支持力量薄弱。因此，实际参与灾后重建工作的灾区群众数量少，灾区群众对于灾后重建的关注度与参与度低，表达自身诉求的渠道和途径少，导致灾区群众对于灾后重建的满意度较低。

（二）群众监督不力

参与灾后重建工作的途径和人数少，相伴而来的是九寨沟

---

❶ 崔晶. 回望传统与现代化转型：社会治理创新中的基层政府与民众协作治理研究 [J]. 中国行政管理, 2017（2）: 68-72.

震区群众缺乏对灾后重建工作的监督。灾区群众自身能够提供的支援灾区建设的力量薄弱，不能有效地参与到灾后重建工作中去，加之表达自身诉求和建议的途径较为缺乏，因此对灾后重建工作的监督也较为缺乏。

灾后重建政策执行缺乏灾区群众有效监督，加之外部监督渠道单一或者不通透，不利于提高灾后保护和恢复工作的透明度。仅靠内部监督的规范作用，灾后重建工作容易只重视结果，忽略过程，以"结果论英雄"，只看重项目实施的结果和效果，不重视项目实施的过程，急于求成而忽视质量建设，导致政策执行效果大大降低，以至于在实施过程中出现不必要的风险和隐患，甚至违法行为。九寨沟 7.0 级地震发生后，各政府部门和灾后重建工作领导小组都在积极配合并推进灾后重建工作，开展诸多工程项目，但由于缺乏相应的监督机制，项目进展缓慢。四川省九寨沟 7.0 级地震最大烈度为九度，九度区主要是四川省阿坝藏族羌族自治州九寨沟县漳扎镇。ZC 村位于漳扎镇西南部，是一个以藏族村民为主的民族特色村寨，全村共有 3 个村民小组，共有 150 户 457 人。受灾居民总共 114 户，经房屋鉴定（判定）后，认定其中严重破坏 95 户，中等破坏 17 户，轻微损害 2 户，受损房屋现已基本修复或加固完成。其灾后重建工作进程较为缓慢，截至 2018 年 5 月，仍有 10 余处民居尚未修复。可以说，相应监督机制的缺乏，使部分灾后重建项目进程缓慢，不利于灾后重建目标顺利达成。

## 四、政策资源的困境

政策资源包括人力、物力、财力等资源。九寨沟震区的灾后重建政策执行过程中，中央拨款、地方支援使财力资源较为充裕，但在人力和物力资源方面存在一些困境。

### （一）专业人员缺乏

灾后重建工作是一项系统且全面的工作，需要人力、物力和财力等政策资源的协调配合。物力和财力的充足为政策执行提供了良好的物质资源，但在人力资源方面却存在工作人员专业技术薄弱、缺乏专业知识和技能的问题。灾情监测、房屋定损、项目规划、生态环境修复等都属于技术含量较高的灾后重建工作，需要专门的知识体系和技术支撑，从事该项工作的人员的技术水平高低将直接决定政策执行效果。

在房屋定损过程中，因定损机构和人员的专业技术水平的差异，定损过程中存在争议性的问题。中查村是一个以藏族村民为主的民族特色村寨，位于漳扎镇西南部，在一条长约10千米、宽约3.5千米的峡谷中，海拔2446米。全村有3个村民小组，共有150户457人，2016年人均收入16020元。中查村受灾居民总共114户，经房屋鉴定（判定）后，认定其中严重破坏95户，中等破坏17户，轻微损害2户。调研中，一位房屋被定为"中等破坏"的村民对其房屋评定结果表示不满："我家房子都塌了，却被定为中等破坏，另一小组的房子裂缝了都被评为严重破坏，太不公平了。"由于评定技术的差异，破损情况相近的房屋出现了不同的评定结果，相同的评定结果却有不同的房屋损毁表现，引发了灾区群众的不满情绪，对政策执行产生了消极影响。

九寨沟震区地处四川省西北部岷山山脉南段，位于四川盆地和青藏高原的过渡地带，有高山、峡谷、滩地、瀑布、溪流、湖泊等多种地貌，具有独特的自然生态系统，动植物资源丰富。受地理位置和物种多样性的影响，其灾情监测和灾后重建对专业技术有较高的要求，项目规划和生态修复必须兼顾九寨沟震区的保护和发展。由于专业技术人员的缺乏和相关研究的不深入，部分灾后重建项目未能平衡保护与发展的关系，九寨沟景区部分景观在灾后重建过程中遭到破坏。

## （二）信息平台缺失

物力资源是灾后重建过程中所需要的各种物质资料的总和，具体包括原材料、辅助材料、工具和设备等。九寨沟震区在灾后重建过程中获得的生产资料较为齐全，但是缺乏相应的有关灾情与灾后重建进程反馈平台，政策调整缺乏事实性根据。"我们的预报水平仍然很低，能作出预报的地震还只占极少数，当前地震预报仍停留在有限的经验基础之上。"❶ 政府部门与部门之间、单位与单位之间数据共享的体量小、程度低，数据壁垒依然无法打破，依靠地震局获取并共享相关数据导致数

---

❶　我国地震预报的现状与水平如何——阿坝州防震减灾局 [EB/OL].[2020-03-29]. http://fzjzj.abazhou.gov.cn/abzfzjzj/c103320/201507/1c6ed0b15f2749889ec51f9e29249584. shtml.

据及时共享进程缓慢。❶

　　信息平台缺失具体表现在两方面。一是对于灾情信息没有专门的平台进行及时采集和传达。灾情的及时获取对于了解具体灾情、控制和减轻因受灾引发的社会恐慌、降低灾后损失具有极为重要的现实意义。❷灾前缺乏相应的预警设备，导致不能在灾前做好相应的监控、预防、警示和应急指挥工作。灾害发生后不能迅速掌握灾情信息，对于灾害的判定、评估、反馈及人员伤亡、财产损失、次生灾害等情况的掌握也具有一定的滞后性。二是灾后重建进程缺乏实时反馈平台。间断—平衡理论认为，政策制定是渐进性与变迁性的有机结合过程。由于反馈平台的缺乏，各部门之间的工作协调性与信息共享性较弱，不能依据灾后重建实时进程进行政策调整，导致无法有效开展灾后救助与灾后重建工作。九寨沟震区灾后重建工作呈现阶段性特征，灾后重建规划应根据现有成果进行安排和调整，但由于各部门灾后重建进程不能及时反馈和更新，灾后重建政策调整缺乏相应的事实依据，易出现原政策未能及时调整而导致重建进程受阻的情况。

　　灾后信息平台的缺失，导致灾时信息收集和灾后重建进程反馈效率低下，政策调整缺乏相应的依据，政策执行效率大大降低。

❶　张炜超，郭安宁，孙昱，等．现阶段我国地震应急技术框架分析及评价 [J]．中国安全生产科学技术，2019，15（11）：107.
❷　王斐斐，谢恒义，徐丹，等．河南省地震灾情收集工作现状综述 [J]．中国应急救援，2018（4）：60.

## 五、政策环境的困境

政策环境因素是那些可能影响或受到政策实施影响的因素，不同种类政策的实施，可能会出现不同的文化、社会、政治和经济状况。《"8·8"九寨沟地震灾后恢复重建总体规划》确定的"一核、两中心、三轴线、多点联动、整体提升"的发展格局为九寨沟震区灾后重建工作提供了良好的政治环境和经济环境。但在文化环境上，九寨沟震区民族文化特色突出，灾后重建工作忽视了对于民族文化的传承和保护。另外，九寨沟震区灾后重建工作以物质重建为主，着力恢复基础设施、生态环境等领域，忽视了精神文明重建和社会关系的重构。

### （一）民族文化保护不当

九寨沟地区历史源远流长，是藏、羌、回、汉等民族的聚居地，各民族文化相互交融，产生了众多的人文景观，如藏族建筑大录寨、白马藏族风情园等。在宗教文化方面，九寨沟地区主要以苯教文化和佛教文化为主；在生活习俗上，以藏族的传统生活习俗为主要特征；在文化分类上，主要包含建筑、服饰、雕塑、绘画、文学、书法、歌舞音乐、面具、戏剧、医药卫生等。九寨沟县共有省级文物保护单位 2 处，州级文物保护单位 2 处，县级文物保护单位 50 处，可移动文物 17 件（套）。

"8·8"九寨沟地震造成部分文物、文化产业基地受损，严重影响民族特色文化的传承与发展。"8·8"地震震源深 20 千米，震中位于九寨沟风景区附近，造成九寨沟、松潘、若尔盖、红原四县部分文物严重受损，特色民居、古建筑、遗迹因抗震能力差，在地震中受到严重破坏。九寨沟景区扎如寺是九寨沟附近最大的雍仲苯教寺庙。地震造成寺庙外白色佛塔塔基开裂，部分墙体脱落。树正寨水磨房、荷叶寨阿梢垴遗址受地震影响也出现损坏状况。❶ 由于九寨沟景区的关闭，民俗文化展、手工业制作、村寨特色文化体验等被迫停止，民族特色文化的传承和发展遭受严重阻碍。

九寨沟民族文化保护存在以下问题：当地居民民族文化保护意识淡薄，尤其是年轻一代对民族文化认同度较低；村委会保护工作不到位，由于当地济发展水平较低，村委会开展工作的基础较弱，导致民族文化保护活动流于形式；民族文化保护工作目标不清晰，任务分工不明确，难以完整系统地开展下去。

## （二）精神文明重建与社会关系重构不足

党的十八大以来，习近平总书记提出了在推进物质文明建设的同时，必须注重物质文明建设与精神文明建设的平衡的新要求，这是新时代我国精神文明建设的重要目标指向。目前，九寨沟震区灾后重建工作以物质重建为主，忽视了精神文明的重建和社会关系的重构。我国社会主义精神文明建设主要包括两个方面的内容，一是思想道德建设，二是教育科学文化建设。九寨沟地

---

❶ 四川开展九寨沟震区文物受损普查：部分文物受损严重 [EB/OL].[2020-03-29]. http://www.cea.gov.cn/publish/dizhenj/468/553/101710/101716/201708140935485 68864109/index.html.

震属于突发的自然灾害，不仅造成了惨重的人员伤亡和财产损失，灾区群众还出现了恐惧、不安、难过、焦躁、抑郁等不良情绪和状态，甚至出现社会关系的异化和紧张。因此，九寨沟震区灾后重建阶段的精神文明建设应该以思想道德建设为主，着重解决群众的心理危机问题和精神支撑。目前，九寨沟震区对于精神文明的建设缺乏有针对性和建设性的措施，对灾区群众的精神慰藉相对较弱。

由于地震等突发事件的震撼性、破坏性和不确定性，灾区群众易产生心理应激反应。如不能很好地进行心理干预和精神文明建设，灾区群众就不能保持良好的心理状态，也无法投入灾后的重建工作中去。由于工作人员缺乏对受灾群体心理干预、精神文明建设的研究，同时缺乏相应的工作方案，在应对灾区群众精神问题时处于被动状态。

# 第六节　灾后重建政策执行的对策建议

## （一）建立政府主导、社会参与的综合性政策执行体制

体制是政策执行的组织保证。一是要完善组织架构，建立专门、长效的灾后重建委员会，负责一系列的灾后重建顶层设计和指导具体工作开展。二是建立社会参与政策执行的制度化平

台。政府职能具有有限性，只能负责灾后重建的部分工作，而学术团体、社会团体、公民个人等民间力量可以弥补政府工作不能覆盖的地方。要加强不同主体发挥作用的相关平台建设，同时，在政策执行中，充分听取各主体的不同意见和建议，使政策执行得到最大程度的支持。三是充分发挥专家作用，组建灾后重建专家组，为重建工作提供智力支持。

（二）建立快速便捷、上通下达的社情民意反馈机制

受众的信息服务工作在灾后重建政策执行过程中十分重要。首先，建立社情民意反馈机制，以便迅速了解灾区群众的需求，排解灾区群众的不满，及时为要求援助者提供帮助。其次，建立灾后重建政策实施的公众信息服务平台，及时向受灾群众发布政策实施信息，接受全社会的监督。最后，建立基层政权反馈信息的渠道，进一步完善基层政府信息采集和汇报工作。

（三）建立相对独立的第三方政策评估机制

要建立一个以灾区群众满意度为导向的政策评估机制。一是建立一个由政府、受灾群众、社会组织、企事业单位、媒体等各方成员组成的监督评估机制，及时收集群众对恢复重建的意见和建议，不断调整相关政策。二是建立专款专用和追踪问责机制，及时、透明地向全社会公布捐助资金的使用情况。三是利用评估结果促进常态化工作。

# 第五章

震区民族特色村寨灾后重建机制障碍分析

自 2008 年以来，汶川、芦山、九寨沟发生了三次大地震，国内外有关灾后重建的研究越来越多，灾后重建成为应急管理、城市规划领域的显学。但是，国内学术界对于灾后重建的理论存在较大争议，尤其是对灾后重建的运行机制的认识还有较大的局限。本章首先确定民族特色村寨灾后重建运行机制的内涵，然后分析、总结民族特色村寨灾后重建的基本经验，最后在政策过程理论的指导下，分析当前民族特色村寨灾后重建运行机制的障碍，为进一步构建灾后重建的法律机制奠定基础。

## 第一节　灾后重建运行机制的内涵界定

### 一、灾后重建的含义

灾后重建是指一定区域内，发生较大的自然灾害或者人为灾害并产生较为严重的后果，对该区域内的个人和组织的生产生活产生较大破坏性影响，为了实现当地生产生活能够基本恢复或完全恢复到灾害发生之前的状态，由政府领导和社会积极参与的，有组织、有计划地以实现生产生活基本恢复为目的的各种建设活动。灾后重建主要有三个特点：从时间上讲，既不是灾害发生之前，也不是发生灾害的过程中，是灾害发生之后的建设活动；从建设主体来看，既包括各级政府，也包括个人和社会组织；从目的上讲，是以恢复灾区人民生产生活为主要目标的活动。

## 二、运行机制的含义

"机制"一词源于古希腊语，原意是指机器、机械装置。英语中"机制"是指"method or system of government or of administration；prevailing system of things"，意思是结构、作用过程、途径和技巧。汉语词典的释义则为"政制、政体、制度"❶。中文也有相似的释义，《辞海》中的解释为：指机器的构造和工作原理，现已广泛应用于自然现象和社会现象，指其内部组织和运行变化的规律。❷

随着学术界对"机制"研究的不断深入，仅仅依靠"机制"的字面含义，已不能满足现实的需要。学者们对此展开了较为充分的论证，并进行了专门的解释和界定。于真认为，"所谓机制是指事物在运动中各相关因素（包括内部结构与外部条件）有一定向度的、相互衔接的律动作用联系"❸。于真强调机制的六大特

❶ HORNBY A S. 牛津现代高级英汉双解词典 [M]. 北京：商务印书馆，1988：949.
❷ 陆费逵. 辞海 [M]. 上海：上海辞书出版社，1999：941.
❸ 于真. 论机制与机制研究 [J]. 社会学研究，1989（3）：57.

性：广泛性、人为性、目标性、利益性、可控性和层次性。❶他
强调机制的"人为性"特征，"这种'人为性'是指，为满足人
类生存和发展需要而在反复出现的事情上，根据已经掌握的知
识所做出的安排，这里所说的知识是人们对某种因果关系的认
识"❷。于真在辨析相关概念的基础上对"机制"作了界定，他认
为，"机制既非实体或行动者，亦非制度，而是促使行动者按所
定轨道行为并形成某一领域稳定秩序的安排，因此带有明显的目
的性，但这种目的性并不指涉具体人和事的个别情况，而是一类
行为，即相对于具体人和事的条件作为其主要内容，亦即在一
定组织和社会某一领域或组织中反复出现的某一方面的稳定轨
道"❸。简言之，机制就是一种关于为实现既定目的而作的制度性
安排，是介于制度与行动之间的中介或者说中间地带。

　　重大自然灾害管理机制包括预警机制、应急机制、灾后重
建机制等，灾后恢复重建与常态保护是其重要的组成部分。预
警、应急机制属于事前控制与事中控制，能够最大限度地减少灾
害损失。而灾后恢复重建与常态保护机制属于事后控制，是通过
投入大量的人力、物力、财力对受灾地区进行规划、修复，保障
受灾地区、受灾群众生产建设与生活水平。灾后重建与常态保护
机制涉及法律、社会、资源、文化等方面，通过总结防灾减灾规
律、规范组织内部程序促进重大自然灾害恢复保护工作的开展。

❶ 于真. 论机制与机制研究 [J]. 社会学研究，1989（3）：57-62.
❷ 同❶.
❸ 金东日. 论机制 [J]. 广东社会科学，2014（5）：78.

灾后重建的运行机制是指在现行国家管理体制下，为了实现灾后
重建的既定目标而作出的一种制度安排，这种安排是为了使灾后
重建整个过程的各项政策或实施办法的制定、执行、监督和评估
有序、高效运转，并最大程度地实现政策效果。

## 第二节　震区民族特色村寨灾后重建的基本经验

九寨沟震区民族特色村寨的灾后重建工作以《"8·8"九寨
沟地震灾后恢复重建总体规划》为指导。在各级政府部门的领导
下，形成了以现金补助为主、物资补助为辅，以恢复村寨经济为
中心、以民居的修复与保护为关键、以基础设施的完善为重点、
以完善就业和社会保障为抓手的重建思路。

### 一、坚持"党的领导 + 政府负责"模式

九寨沟灾后重建涉及各乡（镇）人民政府、县民政局、县
财政局、县住房保障局等政府部门，在各乡（镇）人民政府的领
导下，各部门分工明确，协调统一，切实有效地推进了民族特色
村寨灾后重建工作的开展。

各乡（镇）人民政府作为灾后重建工作的领导核心，主要
负责民族特色村寨受灾群众生活补助申报工作，安抚受灾群众并
引导群众按规定时间安全返家，尽快恢复生产生活，落实相关政

策并进行日常管理统筹工作。

县民政局主要统筹协调民族特色村寨群众维修加固房屋期间临时生活补助发放工作；协助乡（镇）人民政府做好登记造册工作，落实资金补助的发放；负责相关政策解释等。

县财政局负责筹措补助资金，对补助资金进行有效管理，监督并核实各类补助资金的发放过程，加强对资金使用的监管，严格程序、依法推进。

县城乡规划建设和住房保障局主要负责出具民族特色村寨受损民居、建筑等安全鉴定评估结论，审核乡（镇）上报的申报材料等。

县纪委和监察局负责对相关灾后重建政策执行过程中干部违纪违法行为进行查处，确保廉洁重建。

## 二、坚持以政府救济为主、社会救助为辅的救助方式

九寨沟县灾后重建措施划分为三个层次：第一层次是应急救助；第二层次是受损住房（修复／加固）补助；第三层次是居民住房维修加固期间临时生活救助。第一层次的应急补助适用于震区内的所有受灾村民；第二、三层次仅适用于村寨中房屋受损的村民。

### （一）应急救助

根据九寨沟县抗震救灾指挥部关于印发《九寨沟县7.0级地震灾害应急救助发放工作实施方案》的通知，九寨沟县内所有受

灾群众补贴标准为：每人每天 20 元，补助 15 天，共计每人 300 元，并辅以物资补助，具体包括生活用品和食品两大类。生活用品包括帐篷、睡袋、彩条布、雨衣、书包、被子、盆子、帕子、内衣、毛衣、T 恤等；食品包括食用油、大米、方便面、火腿肠、牛奶、白菜、莴笋、萝卜、青椒、冬瓜、南瓜、八宝粥等，基本满足了受灾村民的生活需要。

（二）受损住房补助

对民族特色村寨居民住房安全鉴定（判定）结果为轻微损坏、中等破坏、严重破坏的受灾群众，按九寨沟府办发〔2017〕50 号文件执行：①房屋轻微损害的居民每户补助 3000 元；②房屋中等破坏的居民每户补助 5000 元；③房屋严重破坏的居民每户补助 8000 元。

（三）临时生活救助

九寨沟县人民政府按照《阿坝州人民政府关于九寨沟 7.0 级地震受损房屋修复加固和重建补助标准的批复》精神，为确保民族特色村寨中因灾房屋受损群众在实施房屋维修加固期间的基本生活有保障，按照省、州、县抗震救灾指挥部的统一安排部署，根据第三方评估机构出具的房屋安全鉴定（判别）报告结论，本着安全第一和方便群众生活的原则，制定《"8·8"九寨沟地震受损房屋修复加固期间临时生活补助政策》，对城乡居民住房安全鉴定（判定）结果为轻微损坏、中等破坏、严重破坏的家庭成

员给予临时生活救助。补助时间分别为 15 天（2017 年 8 月 24
日起至 9 月 7 日止）、25 天（2017 年 8 月 24 日起至 9 月 17 日止）、
38 天（2017 年 8 月 24 日起至 9 月 30 日止）。受灾群众补贴标准
为：以损坏的城乡居住住房所有权人户籍登记为准，按每人每天
20 元和 1 斤粮（折价 3 元／斤）的标准进行现金补助。

九寨沟震区对于民族特色村寨灾后重建措施划分的三个层
次，各有其适用范围，专款专用，极大提高了补助发放的效率。
其以现金补助为主，受灾村民可按需任意支配，及时满足自身的
开支需要；同时，辅之以物资补助，及时解决地震后产生的物资
匮乏问题。

### 三、坚持村民村委自力更生的基本立足点

民族特色村寨的灾后重建是一项系统性、全局性的工程，
其中心任务是促进民族特色村寨的经济恢复。只有村寨经济恢
复，村民获得稳定的收入来源，村寨才能拥有可持续发展的
动力。❶

九寨沟县漳扎镇漳扎村位于阿坝州东部，九寨沟县城西部，
地处漳扎镇的腹地，是漳扎镇政治、经济、文化教育事业的中
心。全村分为 3 个自然村，包括 3 个村民小组，总人口 748 人，
315 户，藏族占总人口的 99.5%，漳扎村地处九寨沟景区外围地
段，是一个典型的依靠旅游业发展的村寨。村民主要收入来源有

---

❶ 段超. 保护和发展少数民族特色村寨的思考 [J]. 中南民族大学学报（人文社会科
学版），2011，31（5）：21.

两种形式：一是村民通过经营饭店、旅馆、"藏家乐"获得经营性收入；二是从事运输、导游等旅游服务业。

村域内除外地客商投资修建的新九寨宾馆、格桑宾馆、天源豪生大酒店等 60 余家宾馆、酒店外，还有漳扎村集体与华油集团合资的阳光酒店，以及村民自有产权的鑫源、长青等宾馆、饭店 36 家，"藏家乐" 216 家，铺面 200 余间，出租屋 100 余家，自营旅游客车 20 余辆，从事旅游导游服务人员 50 余人。九寨沟 7.0 级地震后，虽九寨沟景区已部分恢复对外开放，但每日限额 2000 人，漳扎村旅游业萧条，村民收入大幅减少，经济损失惨重。

为使地震灾区基本生产生活条件和经济社会全面恢复并实现提升发展，对于因地震灾害造成损失、纳税确有困难的纳税人，政府免征房产税、城镇土地使用税。村民因地震灾害造成重大损失的，其来源于受灾地区的所得部分，可减征 7 成的个人所得税。同时，为了加快恢复少数民族村寨赖以生存的九寨沟旅游产业，四川省人民政府支持阿坝州建立大九寨文化旅游产业振兴基金，通过政府出资引导、社会资本广泛参与，重点支持旅游基础设施的改造升级、自然遗产及风景名胜区保护、文化遗产保护传承、文化创意创新、旅游新业态开发、旅游产业链延伸增值等文化旅游产业发展。❶

---

❶ 四川省人民政府关于支持 "8·8" 九寨沟地震灾后恢复重建政策措施的意见 [EB/OL]. (2017-11-08) [2019-07-08]. http://www.sc.gov.cn/10462/c103044/2017/11/8/37dca38b4b41424ca776c007b81f2d73.shtml.

## 四、以民族特色村寨的修缮和保护为重点

"建筑是文化的结晶。少数民族村寨的特色民居形式多样、风格各异，集中反映了一个民族的生存状态、审美情趣和文化特色。"❶特色民居能够反映民族建筑的特色，也是展现民族特色村寨民俗风情的重要载体，因此修复与保护特色民居是民族特色村寨灾后重建的关键环节。具有民族特色的民居、建筑等多为村民自建，格局为一至两层，以土木结构为主，少有砖混结构，就地取材的土坯、石材、夯土等建筑材料与自然山水环境融为一体。但是由于房屋建造方法落后，抗震能力差，加之年久失修，缺乏有效的管理和保护，在地震中受损严重，部分民居出现地基陷裂、墙体倾斜、大梁弯曲和屋顶透风漏雨等问题，严重影响村民生产生活安全。因此，九寨沟震区民族特色村寨灾后重建工作必须以民居的修复与保护为关键。政府部门依据《地灾评估报告》和《住房鉴定报告》，采取村民自修自建的形式，积极引导受灾群众加快永久性住房重建，对于被鉴定（判定）为轻微损坏、中等破坏、严重破坏的受灾群众分别按每户3000元、每户5000元和每户8000元不同等级进行现金补偿，专款专用，用于民居的修复和加固，有效保护民族特色文化的传承。

## 五、以民生保障为根本

九寨沟震区内的民族村寨村民收入来源主要是旅游相关服

❶ 国家民委关于印发少数民族特色村寨保护与发展规划纲要（2011—2015年）的通知[R/OL].（2012-12-07）[2019-07-08].http://www.seac.gov.cn/seac/xwzx/201212/1003273.shtml.

务业。九寨沟 7.0 级地震后，游客人数大幅下降，旅游产品需求萎缩，村寨内旅游业及相关产业供过于求，村民失业率大幅增加。因此，必须完善民族特色村寨受灾村民的就业和社会保障措施。

第一，鼓励民族特色村寨村民自主创业。对于首次创办小微企业或从事个体经营并正常经营 1 年以上的就业困难村民，给予 1 万元创业补贴。对实现灵活就业并缴纳社会保险费的因灾就业困难村民，按规定给予社会保险补贴。

第二，组织开展免费职业培训。针对民族特色村寨的产业特色和就业状况，对有培训意愿的受灾村民全面提供免费技能培训和创业培训，开展免费职业技能鉴定，致力于提升村民的职业技能。

第三，促进灾区群众转移就业。通过组织开展劳务输出的对接活动，免费提供岗位信息和就业服务等，提升就业信息的对称性。对于参加组织劳务输出的灾区村民，给予一次性单程的公路、铁路或水运交通费补贴；对于组织企业（单位）招用灾区劳动者的经营性人力资源服务机构，给予就业创业服务补贴。

第四，扩大失业保险支持范围。对于参加失业保险的企业因灾停产、歇业期间，对暂时失去工作岗位的村民，按规定发放失业保险金，发放期限截至企业恢复生产当月，最长不超过 18 个月。受灾企业在恢复生产经营期间开展职工培训，给予职业培训和技能鉴定补助。受灾地区享受失业保险待遇的失业人员自谋职业、自主创业，可一次性领取失业保险金；自主创业并招用其

他失业人员就业的，一次性给予 5000 元创业补助金。❶

完善民族特色村寨受灾村民的就业和社会保障措施化必须以完善就业和社会保障为抓手，落实分档救助和分类施保政策，提高因灾失业村民的就业率，坚持"全覆盖、保基本、多层次、可持续"的方针，建立可持续发展的社会保障制度，全面推进社会保障体系建设，维持震区社会秩序良好运行。

## 第三节 民族特色村寨灾后重建的机制障碍

民族特色村寨保护与发展是一项长期的系统性工程，不是只要发展就可以放弃保护或是一味地保护而放弃发展，而是两方面兼顾。保护是发展的结果，发展是保护的前提，两者相辅相成。但在实际建设过程中，存在着急功近利、急于求成的不良现象。目前，四川省民族特色村寨灾后重建还存在诸多机制方面的障碍，不利于民族特色村寨灾后重建和常态性保护。

### 一、部门协调机制不健全

"部门间协调是指在公共管理过程中，政府部门之间建立相互协作和主动配合的良好关系，以有效利用各种资源实现共同预

❶ 四川省人民政府关于支持"8·8"九寨沟地震灾后恢复重建政策措施的意见 [EB/OL].（2017-11-08）[2019-07-08].http://www.sc.gov.cn/10462/c103044/2017/11/8/37dca38b4b41424ca776c007b81f2d73.shtml.

期目标的活动。"❶民族特色村寨灾后重建的主体是地方政府，实现高效、快速的重建目标，需要政府相关部门相互配合和协作，充分整合行政资源和社会资源。而政府部门间协作则需要与之相适应的规范和机制，调整不同部门间的利益冲突，才能避免政令不畅、揽功诿过、相互扯皮等不良现象。

政府部门职能分工是行政专业化的结果。现代政府部门间的职能分工产生了碎片化问题。灾后重建恢复是一个涉及多方面、多领域的复杂问题，单一部门既无能力也无条件应对处理，需要政府多部门协作配合，这就需要政府部门间具有整体性。碎片化和整体性之间存在一定程度的冲突和张力，需要建立健全相应的协调机制来化解。

民族特色村寨灾后重建需要政府部门（如城市建设部门、民族宗教部门、文化事业部门等）的参与、协调与合作，部门间的合作协调机制显得十分重要。部门之间各自为政、职责僵化等问题成为阻碍政府管理服务水平不断提高的重要原因。现代社会公共危机时有发生，公共事务的错综复杂、各要素密切关联及部门专业化分工等，使诸多事务的管理需要政府各部门间的广泛协作。❷震区民族特色村寨的灾后重建和常态保护也不例外，政府部门之间缺乏合作，信息交流不畅，往往导致政策上的冲突和实际操作中的矛盾，不利于少数民族特色村寨的常态保护。

---

❶ 李积万.我国政府部门间协调机制的探讨[J].汕头大学学报（人文社会科学版），2008（6）：62.

❷ 赖静萍，刘晖.制度化与有效性的平衡——领导小组与政府部门协调机制研究[J].中国行政管理，2011（8）：22.

在少数民族特色村寨的保护与发展过程中，政府是主导者，村民是参与者和承担者。少数民族特色村寨建设的成功与否直接关系每位村民收入的增减和生活水平的高低，少数民族村寨的村民理应积极参与、主动承担。"对于转型中的中国社会来说，地方民众和企业家等主体对于地方公共政策制定的参与，对于地方公共事务和公共项目的参与，将有助于缓解社会矛盾，避免社会失序，从而推动政府治理的转型。"❶但在实际建设过程中，许多村民并未投身于少数民族特色村寨的建设过程中，村寨保护与发展缺少劳动力，导致少数民族特色村寨的建设迟滞，进展缓慢。

少数民族特色村寨的建设需要外部力量的参与和支持，尤其是特色旅游开发的外部投入和外来游客的旅游参观，对少数民族村寨经济的发展和村民收入的提高有着直接的推动作用。在实际中，某些少数民族特色村寨建设取得了一定的成果，基础设施建设相对完善，少数民族特色文化也得到了保护，但由于宣传力度较低，少数民族特色村寨的知名度相对较低，对游客缺乏吸引力。

## 二、民族特色村寨灾后重建存在物权制度风险

民族特色村寨一般处于农村地区，现行《中华人民共和国土地管理法》和《中华人民共和国物权法》规定，农村宅基地制度实行"集体所有—农民所用"的双层物权结构。宅基地所有权

---

❶ 崔晶.回望传统与现代化转型：社会治理创新中的基层政府与民众协作治理研究 [J].中国行政管理.2017（2）：70.

属于农村集体，不属于个人财产，宅基地使用权可由村民个人享有，附属于宅基地之上的房屋所有权归宅基地使用权人所有。当前，我国农村宅基地制度，尤其是宅基地使用权的权利主体具有限定性和封闭性特征，即宅基地使用权只能归所在村组织成员享有，其他农村组织成员或非农居民不得享有。

　　理论上讲，根据现行宅基地制度，农村宅基地使用权并不是物权法所禁止转让的标的物，但是对受让主体有明确的身份限制，必须是同一农村集体组织内成员。以国务院办公厅《关于加强土地转让管理严禁炒卖土地的通知》为代表的一系列国家政策规定禁止城镇居民受让农民住房和宅基地，人民法院的判决和会议纪要、地方性规定等进一步将宅基地使用权的受让主体限制为本集体经济组织内部符合宅基地申请条件的农户。❶ 正是由于现行法律所确定的宅基地权利主体的封闭性和身份的限定性，对于民族特色村寨的灾后重建和保护会存在物权制度风险：一是宅基地权利主体的消亡所引起的法律关系变化；二是宅基地权利客体的灭失所引起的法律关系变化。目前，我国灾后恢复重建更多是借助公权力的介入，由政府主导，辅以社会参与。因此，如果宅基地权利主体因地震伤亡或行为能力丧失，公权力是否有权直接未经权利主体的授权而介入私有房屋的改造、维护或拆除？即便因权利主体消亡或行为能力丧失公权力可以自动介入，那么，介入的法定程序应当如何？同样，灾后恢复重建具有一定的福利性和救济性，是否可以因为房屋客体的损毁或灭失而直接对房屋进

---

❶　宋志红.乡村振兴背景下的宅基地权利制度重构 [J].法学研究，2019，41（3）：74.

行维修，而无须征得权利主体的同意？这是值得我们思考的一个法律问题。

四川阿坝藏族羌族自治州、甘孜藏族自治州、凉山彝族自治州、龙门山地震带等地震区域居住着藏族、羌族、苗族和回族等少数民族，数量众多的民族特色村寨不同程度受到影响。《中华人民共和国宪法》《中华人民共和国民族区域自治法》《中华人民共和国防震减灾法》《中华人民共和国自然灾害救助条例》《中华人民共和国国家突发公共事件总体应急预案》等法律法规是我国民族特色村寨灾后重建及法律保护的基本依据。但是，由于宪法的非直接适用性、民族区域自治法的纲领性和其他灾后应急条例法律位阶不高与缺乏针对性，民族特色村寨保护还存在国家层面缺乏少数民族特色村寨保护的上位法支撑、地方层面没有专门立法补充、权力内容不实、立法威慑力不足、相关立法无公众参与原则等问题。❶ 目前，我国尚无成体系的民族特色村寨灾后重建机制，造成民族特色村寨保护管理存在法律模糊地带，灾后重建机制不完善，缺乏相应的响应机制、责任机制等制度性保障问题。

## 三、政策缺乏科学性

政府制定公共政策以解决特定政治、经济或社会问题为目标，其实质是社会价值的再分配。公共决策涉及社会与经济发展

---

❶ 杨春娥，李吉和．论恩施州少数民族特色村寨立法保护之完善 [J]. 湖北民族学院学报（哲学社会科学版），2018，36（2）：134.

密切相关的事项，决策正确与否不仅影响政府公共管理效率与公平，还影响公众切身利益能否得到保障和社会的稳定性。❶因此，政策的实施不能随意，需要制定科学的执行方案才能尽最大可能实现政策效果和目的。毕竟，"再好的政策也只有通过有效的执行才能保证其目标的实现，而政策执行本身也是一个极为复杂的过程，政策执行的效果往往要受到诸多因素的影响和制约，其中政策制定得科学与否对政策的执行效果至关重要"❷。

当前，我国政府应急机制和体系尚不完善，只是确定了应对地震等特大自然灾害或其他公共危机事件的基本原则和责任，对于民族特色村寨灾后重建和常态保护缺乏专项政策支持。由于"制订公共政策需要考虑的因素和面临的制约也更加复杂多样：既包括历史文化传统因素，也包括发展过程中的现实因素；既包括全球性因素，也包括区域性因素；既包括社会整体性因素，也包括各类群体各自的特殊性因素"❸。因此，民族特色村寨灾后重建政策需要考虑历史文化因素、区域性因素和社会整体性因素等。如果不考虑民族特色村寨灾后重建的特殊性及其复杂性而简单套用现有的灾后应急体系，制定的政策必然缺乏科学性，从而影响政策目标的实现。

调查发现，藏式民族特色村寨一般都是二层纯木结构，抗

---

❶ 杨勇，张再生.过程监督对公共决策的作用机理研究[J].天津大学学报（社会科学版），2009（6）：494.

❷ 丁煌.政策制定的科学性与政策执行的有效性[J].南京社会科学，2002（1）：38.

❸ 李伟.坚持专业性、科学性和开放性理念实现政策评估的客观、公正与准确[J].管理世界，2015（8）：2.

震能力弱，在地震中受损严重，屋内出现较大裂缝，底楼的畜圈处墙体部分倒塌。政府对房屋破坏程度判定为严重破坏的房屋，补偿 8000 元用于房屋的修复，但实际修复费用远不止 8000 元。此外，当地政府在制定相关政策时对于具体情况的分析不足，未能因地制宜，部分政策缺乏科学性和针对性。

## 四、政策实施项目过程监督缺位

由于政府不参与灾后工程项目建设，只能作为发包方与社会资本进行合作，这种合作就是公私合作制，即所谓的 PPP（Public-Private Partnership）。"PPP 是指公共部门与私人部门为共同参与生产并提供公共物品和服务，建立长期合作关系而签订的契约合作形式。"❶ 然而，以 PPP 形式实施的灾后重建项目，其招投标和项目实施过程存在决策失误、贪污腐败、项目效益差等现象，这些问题的根本原因是政府灾后重建项目实施过程监督缺位。

所谓"过程监督"，主要是指"对公共决策系统的运行，包括公共决策的制定、执行、评估等活动进行监察和督促的行为"❷。当前，我国灾后重建一般采取项目制方式运作，"通过强化项目的制度化、市场化与科层化运作，规范项目制的运行环境。项目制能够在调动地方政府的行政积极性、提高国家财政资

---

❶ 徐飞，宋波.公私合作制（PPP）项目的政府动态激励与监督机制 [J]. 中国管理科学，2010（3）：165.

❷ 杨勇，张再生.过程监督对公共决策的作用机理研究 [J]. 天津大学学报（社会科学版），2009（6）：494.

金的使用效率及推动地方经济和社会事业发展等方面发挥积极作用"❶。但是，在项目制的实施过程中，地方政府往往以"结果论英雄"，只看重项目实施的结果和效果，不重视项目实施的过程，以至于在实施过程中出现不必要的风险和隐患，甚至违法行为。九寨沟 7.0 级地震发生后，各政府部门和灾后重建工作领导小组都在积极配合并推进各民族特色村寨的灾后重建工作，开展诸多工程项目，但是，由于缺乏项目监督机制，项目进展缓慢。

2014 年党的十八届四中全会通过的《中共中央关于全面推进依法治国若干重大问题的决定》提出建立"严密的法治监督体系"。从救灾实践来看，灾后重建领域尚未建立严密的法治监督体系。首先，监督主体缺乏合力分工，尚未形成强力的监督合力；其次，灾后重建监督机制尚未形成全覆盖，缺乏全过程监督；最后，灾后重建监督的运行机制不成熟、不完善。

---

❶ 尹利民. 也论项目制的运作与效果——兼与黄宗智等先生商榷 [J]. 开放时代，2015（2）：143.

# 第六章

## 震区民族特色村寨灾后重建的
## 法律机制构建

# 第一节　构建原则

## 一、利益平衡原则

政府作为灾后重建和常态保护的主体，其制定的任何政策及其执行必然涉及政策对象及其他相关方的利益调整和分配。行政机关在制定政策的过程中，必须保持客观中立地位，公平地对待不同利益相关方的利益与诉求，确保相关决策能够平衡利益相关者的长远利益和当前利益，同时确保个人、组织和社会公共利益之间的平衡。

"行政决策过程中不同利益主体的诉求和主张越是反映充分，行政决策越是具有正当性与合理性。"❶ 因此，民族特色村寨灾后重建和常态保护方面的行政立法、政策制定和执行都需要充分考虑利益相关者的合理诉求和正当利益，并保持各方的利益间的平衡。但是，这里的利益平衡原则不是机械地按比例进行分

---

❶ 杨海坤，李兵.建立健全科学民主行政决策的法律机制 [J].政治与法律，2006（3）：21.

配，而是要根据具体实际情况，在充分考虑相关各方的利益诉求和行政效益的基础上，使利益相关者之间所获长远利益和眼前利益能够形成大致平衡的状态。

然而，行政决策和政策执行过程中有时会存在一种"压制不同利益主体的诉求与主张的不良倾向"[1]，即希望各部门能够齐心协力，放下部门利益，而实际上这种绝对的齐心协力需要以高度一致的共同利益为基础，或者是外在环境给予高强度的压力而不得不为之。此外，即使政策主体与政策客体之间、不同政策客体之间存在共同利益，但也是一定范围内的共同利益，绝对高度一致的共同利益在现实中是几乎不存在的，在一定的前提条件下，共同利益会大于利益冲突。若彼此利益冲突上升为利益共同体内部的主要矛盾，斗争和冲突不可避免。因此，利益平衡原则是政策制定和执行过程的一个重要原则，也是协调部门利益冲突并降低行政成本的一个有效原则。可以说，利益平衡原则是构建民族特色村寨灾后重建和常态保护机制的基本原则。

## 二、民主原则

民族特色村寨灾后重建与常态保护的法律机制构建涉及政府、公民、社会组织等多方利益的调整和分配，相应规则和机制的构建本质上是一种政治活动。"由于各政治主体的利益诉求、政策主张不同，必然出现政治期望和政治目标的冲突。"[2] 现代社

---

[1] 杨海坤，李兵. 建立健全科学民主行政决策的法律机制 [J]. 政治与法律，2006（3）：21.

[2] 张文显. 构建社会主义和谐社会的法律机制 [J]. 中国法学，2006（1）：8.

会弥合分歧的基本路径就是实行民主政治，各政治主体通过制度化渠道和既定程序化解争端和分歧。民主政治"可以创造一种公平竞争、和平共处和稳定合作的局面"❶。

现代民主的一个基本特点是公众参与，公众参与也是现代民主的根本要求。公众参与"是指民主政体下的决策和立法程序不是少数几个人说了算，更不是个别人的专断，而是在广大人民群众直接或间接的参与下，按照少数服从多数、多数尊重和保护少数的民主原则行事"❷。

因此，民族特色村寨灾后重建和常态保护机制构建需要坚持现代民主原则，在重建规划、政策制定、政策执行、政策监督的过程中，坚持公众参与的民主原则，制定相应的参与机制或公众听证制度。

## 三、法治原则

《中共中央关于全面推进依法治国若干重大问题的决定》提出，"在中国共产党领导下，坚持中国特色社会主义制度，贯彻中国特色社会主义法治理论，形成完备的法律规范体系、高效的法治实施体系、严密的法治监督体系、有力的法治保障体系，形成完善的党内法规体系，坚持依法治国、依法执政、依法行政共同推进，坚持法治国家、法治政府、法治社会一体建设，实现科学立法、严格执法、公正司法、全民守法，促进国家治理体系和

---

❶ 张文显. 构建社会主义和谐社会的法律机制 [J]. 中国法学，2006（1）：8.

❷ 同 ❶.

治理能力现代化"❶。

　　党的十九大再次指出，"必须把党的领导贯彻落实到依法治国全过程和各方面，坚定不移走中国特色社会主义法治道路，完善以宪法为核心的中国特色社会主义法律体系，建设中国特色社会主义法治体系，建设社会主义法治国家，发展中国特色社会主义法治理论，坚持依法治国、依法执政、依法行政共同推进，坚持法治国家、法治政府、法治社会一体建设，坚持依法治国和以德治国相结合，依法治国和依规治党有机统一，深化司法体制改革，提高全民族法治素养和道德素质"❷。习近平总书记指出，"依法治国是我国宪法确定的治理国家的基本方略，而能不能做到依法治国，关键在于党能不能坚持依法执政，各级政府能不能依法行政"❸。

　　简言之，我们党必须坚持依法执政，各级政府必须依法行政，这是实施全面依法治国的关键。依法执政和依法行政必须坚持全过程和全方面进行，贯穿于民族特色村寨灾后重建和常态保护的整个过程，体现了党的执政方式和执政水平。因此，民族特色村寨灾后重建和常态保护必须坚持全面依法治国和依法行政，灾后重建法律机制构建过程必须坚持法治原则。

---

❶　中共中央关于全面推进依法治国若干重大问题的决定 [J]. 理论学习，2014(12)：5.
　❷　习近平．决胜全面建成小康社会 夺取新时代中国特色社会主义伟大胜利——在中国共产党第十九次全国代表大会上的报告 [N]. 人民日报，2017-10-28.
　❸　习近平．加快建设社会主义法治国家 [J]. 求是，2015（1）：3.

## 四、科学原则

科学原则是现代政府必须遵循的基本原则，也是制定政策和实施办法所必须遵循的基本原则。"地震灾后重建，是一项浩大的系统工程。科学制定灾后重建规划的总体定位和战略思路，是一项基础性工作。做好这一工作，才能充分发挥自身优势，高效有序推动灾后恢复重建、促进灾区经济全面协调可持续发展。"❶ 民族特色村寨灾后重建和常态保护同样要遵循科学原则，通过对灾后情况的客观分析，制定科学的办法是确保实现既定政策目标的基本前提。

民族特色村寨灾后重建和保护法律机制的构建应遵循科学原则，是指坚持从实际出发，确保民族特色村寨灾后重建程序设置科学合理，组织执行机构权责利关系安排科学合理，信息收集、处理平台方法科学合理。科学性原则要求评价指标、分析方法、组织机构、权责利安排符合灾后重建和保护的客观规律的规定性，经得起实践的检验。

灾后重建和保护法律机制构建的科学性原则有五个基本要求：（1）指导理论科学化。应以灾后重建科学、危机管理科学、统计科学、灾害心理科学等为理论指导，确保法律机制构建过程及结果科学。（2）目标科学化。目标设定要符合国家基本法律法规和民族政策的规定，符合社会发展的规律，不能设定违反社会基本需求和伦理的目标，也不能设定不利于民族关系和谐发展的

---

❶ 王禹，牟笛，左鹏，等.灾后重建的科学定位和战略思路——以都江堰市为例[J].中国行政管理，2009（6）：124.

基本要求。（3）监督体系科学化。监测民族关系发展及民族关系危机问题的发展演化，需要有科学的指标体系为支撑。因此，分解民族关系监测指标，制定一级指标和二级指标及次级指标的权重，均应有科学的理论或实践依据。（4）方法手段科学化。灾后重建面临的技术问题和社会问题日趋复杂，必须应用科学的方法和手段，才能正确处置重建过程中所面临的问题，采取正确的思路协调各方利益，形成较为科学的灾后重建机制和体系。

## 第二节　法律规范形成机制

### 一、健全民族村寨保护立法启动机制

目前，民族特色村寨保护工作没有专门的国家立法规范，只有部门规章和地方补充性法规、地方规范性文件。近年来，中央和地方对民族特色村寨保护的日益重视，推进了民族特色村寨保护的立法进程。

2008年2月28日，黔东南苗族侗族自治州第十二届人民代表大会第三次会议通过了《黔东南苗族侗族自治州民族文化村寨保护条例》，首次通过立法形式对民族村寨的规划、管理、保护和利用作出规定。2009年9月8日，中华人民共和国国家民族事务委员会（以下简称"国家民委"）、财政部联合发布《关于做好少数民族特色村寨保护与发展试点工作的指导意见》，明确了

试点村寨选择与试点工作的具体内容，为民族特色村寨的发展指明了方向。随后，国家民委印发《少数民族特色村寨保护与发展规划纲要（2011—2015年）》，进一步明确民族特色村寨保护与发展的目标、原则、任务与保障条件。随着中央部门规章的出台和地方民族特色村寨保护工作的不断进步，各地根据自身情况制定地方法规、出台相应文件。例如，广西三江侗族自治县审议通过了《少数民族特色村寨保护与发展条例（草案）》，福建、海南、湖南等地相继出台了民族特色村寨保护与发展规划。

中央与其他省区民族特色村寨保护的实践经验值得借鉴，九寨沟震区有条件也有必要建立民族特色村寨法律保护机制。九寨沟震区少数民族文化底蕴深厚，许多民族村寨具有独特的民俗文化、特色建筑等文化遗产。通过采取地方立法手段对民族特色村寨的规划、保护、传承工作进行规范，建立民族特色村寨法律保护机制，既有利于完善九寨沟震区民族特色村寨灾后重建工作，又有利于促进民族特色村寨保护与传承工作的长远发展。

## 二、完善防灾减灾法律机制

近年来，中国政府发布行政指导指令，完善相应法律法规，以程序化、制度化方式加强应对突发公共事件的能力。目前，针对具体灾害的法律法规有《中华人民共和国气象法》《中华人民共和国防震减灾法》《中华人民共和国森林法》《中华人民共和国防洪法》等。综合性法律法规包括2006年出台的《中华人民共和国突发事件应对法》和2010年颁布的《中华人民共和国自然

灾害救助条例》等。前者的重点是对突发事件的处理；后者规定
了准备工作、应急工作、灾害救助工作三个阶段的具体内容。

"8·8"九寨沟震后恢复重建工作涉及特色民族地区与民族
特色村寨。少数民族在居住环境、价值观念、生活习惯等方面具
有独特性，九寨沟震后恢复重建法律工作必须考虑当地民族特
色。要完善"8·8"九寨沟震后防灾减灾法律机制，首先应遵循
各级人民代表大会和政府制定的法律法规及规章制度。其次，对
九寨沟震后出现的具体问题、具体事务进行法律法规规范。内容
包括：（1）民族特色村寨灾前防护法律法规。根据不同灾害类
型，对灾害的预防工作、责任主体、管理过程等方面进行具体规
范；加强法律法规的指导性与可操作性。（2）民族特色村寨紧急
应灾法律法规。根据民族特色村寨的分布，在积极开展灾害预防
工作的同时，制定紧急应灾法律法规与地方性文件；明确负责部
门与单位，规范紧急应灾流程与标准，为突发性重大自然灾害的
应对工作提供依据。（3）民族特色村寨灾后恢复重建与保护法律
法规。针对灾后恢复重建的主体范围，加强资源配置、责任部
门、监督检查、精神建设等相关事宜的规范引导工作，为灾后重
建的合理分工、反贪反腐等工作提供法律依据。

## 三、修改《四川省防震减灾条例》的建议

在《四川省防震减灾条例》第七章"法律责任"部分，将"第
六十四条"改为"第六十五条"，增加"第六十四条"条款："建
立重大工程防震抗震专家咨询委员会制度，由省人大常委会设立

并向人大常委会报告工作。由人大常务委员会审查确定专家委员的任职资格和条件，确定专家委员会咨询、建议和监督的权力范围：

第一，凡四川省范围内重大建设工程未依法经省级防震减灾审批部门审查并报送专家咨询委员会开展技术性监督，建设单位不得开工建设；

第二，专家咨询委员会五分之一以上委员有合理怀疑，建设单位未按照防震减灾标准施工或可能存在重大安全事故风险，专家委员会应暂停或终止该工程，直至排除合理怀疑；

第三，未采取抗震设防措施或者抗震设防措施未达到抗震设防要求的已建成的重大工程项目，专家委员会应当成立不少于半数以上委员组成的调查小组，施工单位、监理单位和政府相关部门必须予以配合，调查小组确定相关方的责任并提出处罚建议；

第四，省人大常委委员会确定的其他监督权力。

## 第三节　法律关系调整机制

我国已经初步建立民族特色村寨的发展与保护政策体系，但是，政策文本更多是指导性意见和发展规划，对于民族特色村寨灾后重建和常态保护所涉及的政府、社会和个人三方的法律关系缺乏立法规范，也缺乏政府部门"条块关系"协调机制的法律规范。

## 一、民族特色村寨保护主体的职能定位

2012 年 12 月 5 日，国家民委发布了《少数民族特色村寨保护与发展规划纲要（2011—2015 年）》（以下简称《纲要》）。《纲要》要求"建立健全推进少数民族特色村寨保护与发展工作的领导体制，坚持和完善省负总责、地市协调、县抓落实、乡镇具体实施的工作机制"，"鼓励、引导、争取企事业单位、社会团体及个人援助投向少数民族特色村寨建设；鼓励和支持大专院校、科研单位参与少数民族特色村寨保护与发展的研究和建设；鼓励和支持各类市场主体参加少数民族特色村寨基础设施建设、特色产业发展、旅游开发"❶。

从《纲要》的规定来看，国家民委明确的民族特色村寨保护主体包括政府、企事业单位和各类市场主体等社会组织，确立了"政府主导、社会参与"的基本原则。但是，关于政府和社会在民族特色村寨保护过程中的具体定位尚不够清晰、明确；对政府和社会组织权利义务关系的边界没有明确规定，对各级政府或同级不同区域政府的权利义务关系边界也缺乏法律规定。政府部门间的"条块分割"问题加剧了民族特色村寨保护主体间的职责定位不明的问题，尤其在遭遇重大地质灾害及灾后重建过程中，

---

❶ 国家民委关于印发少数民族特色村寨保护与发展规划纲要（2011—2015 年）的通知 [EB/OL].（2012-12-07）[2019-07-08].http://www.seac.gov.cn/seac/xwzx/201212/1003273.shtml.

政府及部门协调不顺畅的问题更加突出。因此，需要尽快建立健全灾后重建的"条块关系"协同机制，完善社会参与对口支援机制、自然遗产常态保护机制和文化遗产常态保护机制。

## 二、健全灾后重建的"条块关系"协同机制

"条块关系"是中国政府管理体制中最基本的权力结构关系。"'条条'是指上级政府的职能部门及其在基层政府中设立的垂直管理的下属机构，'块块'是指一级地方政府及其派出机构。"❶与此同时，"条块关系几乎成了我国行政管理中一个长期存在的难题，无论中央与省、省与市县，以及县与乡镇，都不同程度地被条块关系中的种种矛盾困扰着"❷，以至于地方的条条、块块关系中的政府部门以地方利益或部门利益为重，对中央政令选择性执行或不执行。"'上有政策、下有对策'成了中央与地方、条条与块块关系中的普遍现象，中央政令的贯彻落实受到了严重的阻力"❸，更不要说缺乏权威的部门命令等非强制性通知或纲要。

"跨部门协调是解决政府职能分工'碎片化'，提高政府效率和协同治理能力的关键性手段。"❹民族特色村寨多位于深度贫困地区，其灾后重建和常态保护也涉及村民的扶贫问题，灾后重建需要与扶贫机制结合，发挥和利用现有的体系和机制。

---

❶ 周振超.构建简约高效的基层管理体制：条块关系的视角[J].江苏社会科学，2019（3）：144.

❷ 马力宏.论政府管理中的条块关系[J].政治学研究，1998（4）：68.

❸ 同❷74.

❹ 宋潇，罗若愚，杨俊杰.创新政策制定的跨部门协调机制——中美实践比较分析[J].科技进步与对策，2016，33（19）：95.

促进扶贫工作与灾后重建相结合是实际情况的需要。重大自然灾害造成的影响范围广、损失程度重、恢复时间长，使扶贫事业必须与灾后重建工作长期结合。将扶贫攻坚工作与灾后重建工作相结合，在扶贫工作中融入防灾减灾理念，在重建工作中贯穿脱贫攻坚政策，推动九寨沟县更好更快恢复与发展。扶贫工作与灾后重建工作都需要政府与社会各界共同努力。农村地区脱贫事业一直由政府主导，而重大自然灾害的发生使社会组织得以介入受灾农村地区灾后重建和恢复发展过程中。政府部门、非政府组织、受灾群众共同努力，致力于早日恢复重建，促进九寨沟县生产发展。

扶贫攻坚与灾后重建是一项长期工程，需要科学规划、严格执行、充分调动各种资源，需要各级政府各部门加强协调配合，充分调动积极性和主动性，以打破"条块分割"所带来的体制僵化问题。因此，建立健全灾后重建的"条块关系"协调机制势在必行。

## 三、完善社会参与对口支援机制

对口支援是资源的横向转移与跨区域合作的长效机制。对口支援的提出最早是为了促进边疆少数民族地区的发展，由经济相对发达的省市带动落后地区的发展。汶川地震之后，对口支援作为一种合理、有效的资源转移与常态保护机制逐渐得以确定，经过发展形成对边疆地区支援、对工程支援、对重大受害区支援三种常见形式。

2016 年 12 月 4 日，四川邛崃市签约对口支援九寨沟县，主要援建九寨沟县产业工程，帮助九寨沟县建成世界级休闲旅游胜地。九寨沟地震发生后，九寨沟县援建省市单位是浙江省和四川省邛崃市。其中，邛崃市共参与 15 个支援项目，投入对口帮扶资金 2500 万元；浙江省共参与 4 个援建项目，投入援建资金 1618 万元。❶ 邛崃市支援九寨沟县住房、教育、医疗、就业、产业等工程的建设。浙江省积极投入人力、物力，推动九寨沟县贫困乡村改善基本生活设施、发展扶贫致富产业，早日完成脱贫摘帽任务，全力推进九寨沟县建设成为"国际一流景区、藏区一流城市、富裕文明乡村"。

对口援建具体项目的实施主体既有国有企业，也有民营企业，同时，还有学校、科研机构等社会组织参与灾后重建。当前，社会参与对口援助还存在形式单一、利益和意见表达渠道不畅等问题，应构建学校等非营利性社会组织和营利性社会机构参与灾后重建的对口支援的利益表达机制和制度性体系，"从制度上保障其正常参与、正确参与，同时，应建立代表企业、大学、科研机构的国家机构来影响决策，使其利益得到充分表达，保证制定出的政策得到拥护和有效执行"❷。对口支援机制有利于促进资源的合理配置，帮助落后地区更快更好地发展。充分发挥对口支援的优势，坚持"一省帮一重灾区"的原则，是促进九寨沟震

---

❶ 九寨沟县对口援建工作成绩喜人 [EB/OL].（2018-02-07）[2019-06-08].www.sohu.com/a/221532578_200943.

❷ 宋潇，罗若愚，杨俊杰. 创新政策制定的跨部门协调机制——中美实践比较分析 [J]. 科技进步与对策，2016，33（19）：100.

后恢复重建工作的有效措施，也是值得长期坚持的有益举措。

## 四、建立自然遗产常态保护机制

九寨沟风景名胜区是世界著名的自然遗产。国家地震安全性评定委员会副主任、中国地震局地质研究所研究员、副所长徐锡伟认为，"'8·8'地震后，九寨沟要经历一个从活跃到稳定的周期，这个时期可能会持续十几年"❶。九寨沟风景名胜区不仅要在 3 年内完成修复工作，更要做好自然遗产的常态保护工作。

1985 年我国加入《保护世界文化和自然遗产公约》。1994 年，我国颁布《自然保护区条例》和《风景名胜区条例》等行政法规，初步建立了自然遗产保护制度。但是，我国至今没有由国家权力机关全国人大及其常委会颁布的有关自然遗产保护法律，意味着我国尚未建立以法律为核心的自然遗产保护制度。由于缺乏专项立法的统筹，不同行政法规、地方性法规、部门规章等之间出现内容重复、法律冲突等问题，造成不同管理主体之间条块分割和揽权诿过等现象，导致我国自然遗产保护制度难以有效实施。

2017 年 11 月 7 日，四川省人民政府发布《"8·8"九寨沟地震灾后恢复重建总体规划的通知》，提出生态环境修复保护规划，重点修复和保护九寨沟自然遗产地。九寨沟景区计划在 3 年内完成保护修复任务的同时，巩固世界自然遗产地的地位，成为民族地区绿色发展的典范。在九寨沟景区修复保护过程中，综合

---

❶ 九寨沟景区受损清单 专家：未来两三年将处于修复期 [EB/OL]. （2017-08-12）[2019-07-07].http://news.163.com/17/0812/01/CRJR5G3J000187VI.html.

协调组、道路修复组、旅游恢复组、生态地灾组、旅游设施和社区建设组、监督检查组等组织分工明确，任务涉及灾后重建工作的景点恢复、基础设施建设、居民基本生活保障、生态环境保护等方面。"8·8"九寨沟震后自然遗产恢复保护工作中制定的流程、目标及其分工、实践是九寨沟自然遗产常态保护机制可以借鉴的宝贵经验。景区修复不是最终目的，以规范、科学的规划和流程手段来对世界自然遗产进行常态保护是长久之计。九寨沟旅游业是九寨沟县的主导产业，要做好自然遗产的常态保护工作，形成、规范自然遗产常态保护机制，践行"绿水青山就是金山银山"的思想。

## 五、健全文化遗产常态保护机制

2005 年 12 月，国务院发布的《关于加强文化遗产保护的通知》明确指出："文化遗产包括物质文化遗产和非物质文化遗产。"文化遗产是物质文化遗产与非物质文化遗产的总称，是展现人类历史、艺术和科学价值的物体和体现人类生活方式的知识、实践等的传统文化形式。文化遗产是人类智慧的结晶，理应得到传承、保护和发扬。

根据中央和四川省对文化遗产保护工作的法律和政策，九寨沟要加快建立健全文化遗产常态保护机制。2011 年，《中华人民共和国非物质文化遗产法》规定了非物质文化遗产的 6 种形式，并对非物质文化遗产的收录、传承与保护作了较为详细的规定。2017 年，四川省颁布《四川省非物质文化遗产条例》，提出非物质文化遗产保护工作的方针与原则，要求建立非物质文化遗产保护工作协调机制。截至 2018 年 6 月，九寨沟县非物质文化遗产保护工作取得一定的成绩：被收录、保护的国家级、省级、州级、县级非物质文化遗产共计 80 项。非物质文化遗产传承人体系也已经初步建立。目前，九寨沟县共有 2 名国家级、4 名省级、11 名州级和 99 名县级非遗项目代表性传承人。在物质文化遗产保护工作方面，九寨沟县对传统文化保持较完整并具有特殊价值的村落和特定区域进行动态性整体保护，文化遗产保护工作取得可喜成绩。目前，全县共有省级文物保护单位 2 处，州级 2 处，县级 50 处，可移动文物 17 件（套）。然而，九寨沟文化遗产保护工作仍有待完善，文化遗产的保护规划、传承、利用、管理工作仍需建立健全常态保护机制。

# 第四节　法律保护机制

民族特色村寨的保护需要建立既符合文化权利保护特点，又符合现行法律体系和基本法律原则的法治化保护机制。本书认为，可以从文化权利属性和物权保护层面，建立民族特色村寨房屋"文化权利"登记制度、"代管"制度和相应的权利救济制度。

## 一、建立民族特色村寨房屋"文化权利"登记制度

民族特色村寨不仅具有物质财产属性，也有其文化空间属性。所谓"文化空间属性"，是指少数民族特色村寨所负载的民族特色的符号、风俗、传统意识等文化内涵，以及所附属的房屋结构空间、村寨整体空间、居民生产生活空间与自然空间之间的群落关系。"少数民族特色村寨是具有相对明确边界的乡土社区，其中有作为居住空间、意义空间和神圣空间的民居、祠堂和神庙等各类型建筑，有反映人与自然和谐共处的生产和生活制度安排，有出入相友、守望相助、贫病相扶的人际关系。"❶

从现行法律体系来讲，民族特色村寨土地产权属于当地农村集体组织，村寨内的房屋产权属于农牧民所有。《中华人民共和国物权法》第五十八条规定，"集体所有的不动产和动产包括：（一）法律规定属于集体所有的土地和森林、山岭、草原、荒地、滩涂；（二）集体所有的建筑物、生产设施、农田水利设施；（三）集体所有的教育、科学、文化、卫生、体育等设施；（四）集体所有的其他不动产和动产"❷。从物权保护的角度来讲，《中华人民共和国民法》《中华人民共和国物权法》等法律基本上能够满足保障村寨内私有财产安全的需要。《中华人民共和国物权法》第六十六条明确规定，私人的合法财产受法律保护，禁止任何单

---

❶ 盘小梅，汪鲸.边界与纽带：社区、家园遗产与少数民族特色村寨保护与发展——以广东连南南岗千年瑶寨为例 [J]. 广西民族研究，2017（2）：114.

❷ 中华人民共和国物权法 [EB/OL]. （2007-03-19）[2019-6-19].http://www.gov.cn/flfg/2007-03/19/content_554452.htm.

位和个人侵占、哄抢、破坏。❶ 但是，民族特色村寨保护的内容不仅包括民族特色村寨的物质属性和财产属性，还包括民族特色村寨的文化空间属性。在实践中，个别地方在民族特色村寨保护中存在误区，把重点放在建筑外观保护和外在文化符号标志上，对最具文化价值的"家园遗产"保护和传承有所忽视。❷

目前，在民族特色村寨的文化空间和房屋私有权利方面尚缺乏相应的法律保护制度。本书认为，应建立统一的、系统的、透明的民族村寨房屋"文化权利"保护登记制度，每户确立一位文化权利和义务保护的个体公民予以登记。将具有民族集体文化属性和民族个体文化空间属性的权利与相对应的物权相分离，既有利于物权的占有、使用、处分和收益相分离，也有利于保护民族特色村寨的原生态。

## 二、建立民族特色房屋"代管"制度

随着城镇化进程的加速，越来越多的少数民族人口进城务工和定居，但是其仍旧保留着农村户籍和宅基地。在一些民族村寨里，青壮年劳动力进入城镇长期务工，老人和小孩留守村寨。由于老人和小孩缺乏对所属民族特色房屋的维护和保养能力，以至于一些民族特色房屋年久失修或因地质灾害造成破损等问题。若不能尽快建立相应的制度和实施办法，民族特色房屋将大面积

---

❶ 中华人民共和国物权法 [EB/OL]. （2017-03-19）[2019-06-19].http://www.gov.cn/flfg/2007-03/19/content_554452.htm.

❷ 盘小梅，汪鲸.边界与纽带：社区、家园遗产与少数民族特色村寨保护与发展——以广东连南南岗千年瑶寨为例 [J].广西民族研究，2017（2）：111.

坍塌或形成危房，民族特色村寨将不断消失。

本书建议建立民族特色房屋"代管"制度。这里的"代管"，是指民族特色房屋所有人或者家庭因故长期缺位，可以由其委托个人或组织对其房屋进行必要的维护和保养，以保持其房屋在村寨内的原始风貌和民族特色。

具体来说，可由国务院或者各民族地方制定一部《少数民族特色村寨代管条例》或者《少数民族特色房屋管理单行条例》，明确民族特色村寨内居民对其所属房屋的维护保养义务，明确代管人权利和义务、代管模式、代管人类别机构、代管期间维护费用来源、管理义务与法律责任等相关问题，确立民族特色房屋的代管制度，为解决民族特色村寨青壮年进城期间房屋的维护与保养问题提供明确的法律依据。

## 三、建立民族特色村寨保护权利救济制度

"权利救济是指防止权利受到侵害，确保权利最终实现的制度化保护。纵观世界各国的宪法和法律，对权利的保障无一例外地采取两种方式：其一是权利宣告，其二是对公民权利的实现提供条件。"❶ 民族特色村寨保护机制尚未形成完善的体系，通过"文化权利"登记可以实现权利宣告，但是，还需要对相应的权利实现提供制度性条件和权利救济制度。

目前，民族特色村寨保护权利救济方面存在救济缺位、救济对象和救济标准模糊不清、救济手段简单的问题，需针对以上

---

❶ 郭哲. 农民权利保护与权利救济的人本发展观视角 [J]. 求索，2006（9）：158.

问题明确民族特色村寨权利人的权利内容、不同权利主体冲突的
处理原则、价值位阶等问题。"无救济则无权利"，建立民族特色
村寨及其权利人的权利救济制度就是要针对上述问题建立一整套
科学的、能够促进权利实现的机制。

本书认为，应尽快以地方性法规或行政法规、部门规章的形
式规定民族特色村寨权利主体范围、救济对象、救济标准、救济
方式、责任部门和法律责任等，对于玩忽职守、懒政怠政而疏于
保护民族特色村寨的行为，明确相应的行政责任和法律责任并严
格依法执行。特别是应积极建立关于民族特色村寨权利救济的行
政诉讼、行政信访、申诉和举报等具体实施细则和程序，严格明
确时限和行政责任相对人，鼓励通过网络信访方式降低救济成本。

## 第五节　法律监督机制

法律监督是一种制度性监督，是通过完善法律制度加强对
权力的制约，从而避免权力滥用和权力寻租所带来的腐败问题。
对于民族特色村寨灾后重建和常态保护而言，需要从行政、权力
和社会三个维度加强全方位的过程监督机制设计。

### 一、行政监督：建立民族特色村寨保护监测巡视制度

过程监督的作用机理是通过对政府公权力的运用进行科学

的制衡与全过程监督，预防权力寻租、权力滥用和懒政怠政不作为现象的发生。过程监督机制的关键环节在于以行政权力制约行政权力，即政府内部的监察部门和各部门的监察处对各自所属的行政权力运用的监督和制约。"制衡侧重于权力横向配置中的权力制约和制度规制，监督则需要'体制内'与'体制外'多方监督力量的协同作用。"❶

民族特色村寨保护不力原因在于某些政府相关责任部门的不作为。应当建立民族特色村寨保护监测的巡视制度，加强对相关责任部门及其官员的过程监督。巡视制度可以及时发现官员懒政怠政、不作为的问题，提高官员不作为的政治责任风险，提高其不作为的政治成本，从经济逻辑和政治逻辑上阻断懒政怠政不作为的发生。2009 年 7 月 2 日，中共中央发布《中国共产党巡视工作条例（试行）》，意味着党内巡视制度的初步形成。经过十余年的实践，党内巡视制度日益成熟完善，将党内巡视制度转化为政府层面的行政巡视制度也是法治政府的重要步骤。民族特色村寨保护的监测巡视制度就是在政府监察部门设立专职人员进行专门的不定期巡视监督机制。

## 二、权力监督：人大常委会设立工程防震减灾专家咨询委员会

《防震减灾法》第三十四条规定："国务院地震工作主管部门和省、自治区、直辖市人民政府负责管理地震工作的部门或者

---

❶ 刘占虎. 巡视监督：当代中国过程防腐的主导机制 [J]. 中州学刊，2015（12）：15.

机构，负责审定建设工程的地震安全性评价报告，确定抗震设防要求。"这意味着重大工程建设项目审批和监督都由政府负责，不可避免政府存在"既是运动员，又是裁判员"的监督缺位风险。建议四川省人大常委会设立重大工程防震减灾专家咨询委员会（以下简称"专家委员会"），吸收相关专业的科学家作为专家委员，既发挥人大监督的功能，也发挥专家监督的功能。

由专家咨询委员会实施权力机关的过程监督职能，可以发挥以下三个方面的功能。首先，做到事前监督，降低风险。加强重大建设工程的监督力度，防止因地震引发次生难治理的灾害。四川省人大常委会设立防震减灾专家咨询委员会，发挥专家智力支持和专业评估能力，对四川省经济社会具有重大影响的建设工程行政审批程序进行技术性监督。其次，做好事中监督，有效止损。对于未采取抗震设防措施或者抗震设防措施未达到抗震设防要求的重大建设工程，专家委员会有权随时"叫停"或建议终止工程建设。通过事中监督可以有效防止建设单位偷工减料而造成难以挽回的安全隐患；也可以通过"叫停"有效"止损"，避免浪费更多的公共资源。最后，做到事后监督，科学追责。对于未采取抗震设防措施或者抗震设防措施未达到抗震设防要求的已建成的重大工程项目，专家委员会有权对建设单位、监理单位和政府等相关方的责任划分进行调查，并向人大常委会报告调查结果和追责建议。专业人士的科学评估和责任划分有利于加强事后监督的科学性和有效性。

### 三、社会监督：建立民族特色村寨名录与重建信息公开制度

"腐败的根源是权力缺乏有效的监督和制约。总体而言，对权力的制约主要有两种方式，即以权力制约权力和以社会制约权力。"[1] "社会监督是权力监督制约机制中不可或缺的重要组成部分，也是我国现阶段反腐倡廉，防止权力滥用的可靠保证。"[2] 民族特色村寨灾后重建需要公权力的参与，也为权力滥用和权力寻租留下了空间。加强民族特色村寨灾后重建的社会监督，关键在于确保权力在阳光下运行，因此需要建立民族特色村寨名录与重建信息公开制度。

具体而言，要依据 2007 年国务院颁布的《政府信息公开条例》来规范政府在民族特色村寨灾后重建过程中的信息公开行为。该条例第 36 条规定，法律、法规授权的具有管理公共事务职能的组织公开政府信息的活动，适用本条例；第 37 条规定，教育、医疗卫生、计划生育、供水、供电、供气、供热、环保、公共交通等与人民群众利益密切相关的公共企事业单位在提供社会公共服务过程中制作、获取的信息的公开，参照本条例执行。[3] 但是，《政府信息公开条例》只是简单罗列应当公开的条目，制定具体的实施办法和细则则涉及城乡建设、民委、财政等多个部门。

如何构建民族特色村寨灾后重建和保护名录机制？一方面，

---

[1] 吴海红 . 反腐倡廉建设中的社会监督机制研究 [J]. 探索，2012（1）：60.

[2] 陆亚娜 . 加强我国社会监督的系统性措施探讨 [J]. 中国行政管理，2005（2）：69.

[3] 李树海，丁渠 . 论对社会组织的社会监督 [J]. 河北法学，2013（8）：41.

可以由民委部门牵头，先进行民族特色村寨名录的认定、公示、录入，并将相关成熟的机制和经验形成立法建议，由政府出台行政法规或由地方人大及其常委会制定地方性法规，实施民族特色村寨名录法律化；另一方面，由城乡建设管理部门牵头各相关部门，总结灾后重建过程中的经验与教训，实施"全公开"网络监督机制；将灾后重建项目招投标、审批、验收等环节和数据建立数据库，任何单位和个人都可以在政府指定官方网站查询重建项目的相关数据，并可以实名质疑、举报。

# 第七章

## 结　论

本书在民族村寨旅游开发理论、少数民族权利保护理论和巴泽尔产权理论的基础上，以九寨沟震区为例，分析了民族特色村寨灾后重建和常态保护过程中形成的基本经验和主要问题；从政策过程理论视角，以芦山、九寨沟特大地震灾后重建模式发展了灾后重建的理论模型；从旅游资源保护和产权关系的角度分析了民族特色村寨灾后重建和保护方面所存在的法律问题，并提出具有可操作性的法律对策建议。

　　民族特色村寨灾后重建和常态保护的基本经验主要有以下五个方面：第一，坚持"党的领导＋政府负责"运行模式；第二，在救济方式上，坚持以政府救济为主，社会救助为辅的救助方式；第三，必须坚持自力更生为基本立足点，不等不靠；第四，坚持以对民族特色村寨的修复与保护为重点；第五，坚持民生导向的灾后重建，加强就业支持和社会保障力度。另外，民族特色村寨灾后重建和常态保护存在的主要问题有以下四个方面：第一，民族特色村寨原生态的空间文化保护措施不到位；第二，民族特色村寨灾后重建的社会参与程度不高；第三，缺乏完善的政策执行监督体系；第四，民族特色村寨保护体系存在法律冲突风险。

政府和社会参与度的高低可以分为放任自流型、全面控制型、合作治理型和社会自治型四个基本模式。放任自流型模式是指政府参与度低、社会参与度也低的灾后重建模式；全面控制型模式是指政府参与度高而社会参与度低的灾后重建模式；社会自治型模式是指社会力量参与度高而政府参与度低，主要依靠社会力量进行灾后重建的模式；合作治理型模式是指政府参与度高、社会参与度也高，政府和社会共同发挥作用进行合作完成灾后重建工作，达到灾后重建预期目标的模式。在这一模式下，整个灾后重建过程中政府和社会力量是平等主体，是合作关系，因此称为合作治理型模式。

震区民族特色村寨灾后重建的机制存在功能障碍，如部门协调机制不健全、民族特色村寨保护缺乏制度性保障、政策缺乏科学性和连贯性、缺乏灾后重建项目的过程监督机制等。这些问题的存在对民族村寨的灾后重建效率和质量具有重要的负面影响。针对上述问题，本书从法律规范形成机制、法律关系调整机制、法律保护机制和法律监督机制四个方面提出对策建议。在法律规范形成机制方面，应当健全民族村寨保护立法的启动机制、完善防灾减灾法律体系并修改地方性法规；在法律关系调整方面，应当明确民族特色村寨保护主体的职责，健全灾后重建"条块关系"协调机制，完善社会参与对口支援机制，建立自然遗产和文化遗产常态保护机制；在法律保护机制方面，应当建立民族特色村寨房屋"文化权利"登记制度、民族特色村寨房屋"代管"

制度，建立民族特色村寨权利救济机制；在法律监督方面，应当
建立民族特色村寨保护监测巡视制度，设立工程防震减灾专家咨
询委员会，建立民族特色村寨名录，重建信息公开制度。

　　应当指出的是，本书只是对民族特色村寨灾后重建和常态
保护的一般性研究，还存在很多局限。民族特色村寨保护与少数
民族文化空间的边界何在？民族特色村寨集体与个体的法律权利
与义务如何平衡？这些问题都是本书尚未深入分析的地方，需要
未来进行深入研究。

# 参考文献

**一、中文文献**

[1] 罗永常. 民族村寨旅游发展问题与对策研究 [J]. 贵州民族研究，2003（2）.

[2] 崔景云，付永能，郭辉军，等. 西双版纳民族村寨土地利用的景观影响 [J]. 农村生态环境，2003（2）.

[3] 姚周辉. 民族村寨公共事业传统管理模式、要素及其对当代的启示 [J]. 贵州民族研究，2003（3）.

[4] 张跃，王瑜，李超超. 少数民族养老模式研究——以云南少数民族村寨调查为例 [J]. 思想战线，2004（2）.

[5] 江晓云. 少数民族村寨生态旅游开发研究——以临桂东宅江瑶寨为例 [J]. 经济地理，2004（4）.

[6] 陈庆德，潘盛之，覃雪梅. 中国民族村寨经济转型的特征与动力 [J]. 民族研究，2004（4）.

[7] 方乐，缪文升. 少数民族法律文化形态与现代化——以云南少数民族村寨为例 [J]. 中南民族大学学报（人文社会科学版），2005（3）.

[8] 钟洁，陈飙，杨桂华. 中国民族村寨旅游效应研究概述 [J]. 贵州民族研究，2005（5）.

[9] 项锡黔. "意境"表现与"意象"召唤——古典园林与少数民族村寨的审美文化比较 [J]. 贵州民族研究，2005（6）.

[10] 简王华. 广西民族村寨旅游开发与民族文化旅游品牌构建 [J]. 广西民族研究，2005（4）.

[11] 吕昭河，余泳，陈瑛．我国少数民族村寨生育行为与理性选择的分析 [J]. 民族研究，2005（1）．

[12] 徐永志．民俗风情：民族村寨旅游可持续发展的着力点 [J]. 旅游学刊，2006（3）．

[13] 余泳．中国少数民族村寨人口流动特征及其影响因素分析 [J]. 云南社会科学，2006（2）．

[14] 罗永常．关于贵州民族村寨旅游开发的几个问题 [J]. 贵州社会科学，2006（3）．

[15] 黄亮，陆林，丁雨莲．少数民族村寨的旅游发展模式研究——以西双版纳傣族园为例 [J]. 旅游学刊，2006（5）．

[16] 张华明，滕健．民族村寨旅游开发的 CCTV 模式——以西双版纳"中缅第一寨"勐景来为例 [J]. 贵州民族研究，2006（3）．

[17] 罗永常．文化经济背景下的民族村寨旅游开发 [J]. 思想战线，2006（4）．

[18] 罗永常．民族村寨旅游开发的政策选择 [J]. 贵州民族研究，2006（4）．

[19] 罗永常．民族村寨社区参与旅游开发的利益保障机制 [J]. 旅游学刊，2006（10）．

[20] 何斯强．少数民族村寨社区管理资源的利用与整合——以云南红河哈尼族村寨社区管理中二元结构形式为例 [J]. 思想战线，2006（6）．

[21] 肖青．民族村寨文化的复兴历程——以云南石林月湖村撒尼文化变迁为例 [J]. 思想战线，2006（6）．

[22] 梁玉华，陈志永，李乐京．少数民族村寨村民参与旅游开发实证研究——以贵州镇山村为例 [J]. 贵州民族研究，2006（6）．

[23] 陈志永，梁玉华．民族村寨旅游地衰落研究：以贵阳市镇山村为例 [J]. 云南社会科学，2007（1）．

[24] 梁玉华．少数民族村寨生态旅游开发与旅游可持续发展探讨——以贵阳花溪镇山村旅游开发为例 [J]. 生态经济，2007（5）．

[25] 李广宏．社区居民参与民族村寨旅游开发的探讨 [J]. 黑龙江民族丛刊，2007（4）．

[26] 肖青，李宇峰．民族村寨文化的理论架构 [J]．云南师范大学学报（哲学社会科学版），2008（1）．

[27] 何明．当下民族文化保护与开发的复调逻辑——基于少数民族村寨旅游与艺术展演实践的分析 [J]．云南师范大学学报（哲学社会科学版），2008（1）．

[28] 李智伟，张超．旅游开发中贵州民族村寨文化遗产的保护 [J]．西南民族大学学报（人文社科版），2008，29（12）．

[29] 张淑芬．改变云南边境地区少数民族村寨贫困现状的思考——以德宏州潞西市三台山乡邦外村的调查为例 [J]．思想战线，2008，34（S3）．

[30] 卢宏．我国民族村寨旅游综述 [J]．贵州民族研究，2008（1）．

[31] 魏美仙．民族村寨旅游展演艺术的文本建构与解读——以云南新平县大沐浴村为例 [J]．思想战线，2008（2）．

[32] 刘旺，孙璐，吴明星．少数民族村寨旅游开发中的"公地悲剧"及其对策研究——以丹巴县甲居藏寨为例 [J]．开发研究，2008（1）．

[33] 刘韫．困境与选择：民族村寨旅游的社区参与研究 [J]．青海社会科学，2008（2）．

[34] 任婵娟．基于"舞台真实"理论的文化旅游资源开发——以原生型民族村寨为例 [J]．桂林旅游高等专科学校学报，2008（1）．

[35] 肖青．民族村寨文化的现代建构逻辑 [J]．思想战线，2008（3）．

[36] 肖青．试论民族村寨文化的研究模式建构——以费孝通《重读〈江村经济·序言〉》为切入点 [J]．云南民族大学学报（哲学社会科学版），2008（3）．

[37] 马继刚．民族村寨旅游开发实证研究——以昆明市小水井村为例 [J]．商业研究，2008（6）．

[38] 林轶．论民族意象要素在少数民族村寨旅游开发中的保护 [J]．黑龙江民族丛刊，2008（3）．

[39] 张实．少数民族村寨疾病治疗的人类学研究 [J]．思想战线，2008（4）．

[40] 肖青.中国民族村寨研究深思——以20世纪中叶以来的学术著作为对象的讨论 [J].民族研究，2008（4）.

[41] 吴忠军，张瑾.旅游业发展对山地少数民族村寨文化遗产保护的影响——以广西龙脊梯田景区为例 [J].经济地理，2008（5）.

[42] 曹端波，刘希磊.民族村寨旅游开发存在的问题与发展模式的转型 [J].经济问题探索，2008（10）.

[43] 仇学琴.乡村旅游开发对少数民族村寨现代化的作用与和谐乡村文化构建探析——以玉溪新平县大沐浴村为例 [J].经济问题探索，2008（10）.

[44] 余欢.民族村寨旅游业发展的路径选择——以贵定县音寨为个案 [J].贵州民族研究，2009，29（1）.

[45] 王汝辉，幸岭.少数民族村寨旅游开发模式变迁：来自新制度经济学的阐释——以四川理县桃坪羌寨为例 [J].云南师范大学学报（哲学社会科学版），2009，41（3）.

[46] 王汝辉.巴泽尔产权模型在少数民族村寨资源开发中的应用研究——以四川理县桃坪羌寨为例 [J].旅游学刊，2009，24（5）.

[47] 黄艳萍.民族村寨村民自治实现善治的进路——以村规民约的完善为视角 [J].法学杂志，2009，30（6）.

[48] 黄亮.浅析少数民族村寨旅游发展理念 [J].资源开发与市场，2009，25（7）.

[49] 王汝辉，刘旺.民族村寨旅游开发的内生困境及治理路径——基于资源系统特殊性的深层次考察 [J].旅游科学，2009，23（3）.

[50] 叶春，李渊妮，陈志永.社区参与视角下民族村寨旅游可持续发展评估 [J].生态经济，2009（9）.

[51] 王汝辉.基于人力资本产权理论的民族村寨居民参与旅游的必要性研究 [J].旅游论坛，2009，2（4）.

[52] 肖琼.民族村寨旅游环境困境及路径选择 [J].广西民族研究，2009（4）.

[53] 姚顺增.云南少数民族村寨向"经济型、社会型、全面型"发展 [J].云南民族大学学报（哲学社会科学版），2010，27（1）.

[54] 何景明.边远贫困地区民族村寨旅游发展的省思——以贵州西江千户苗寨为中心的考察 [J].旅游学刊，2010，25（2）.

[55] 贺能坤.民族村寨开发的基本要素研究 [J].贵州民族研究，2010，30（1）.

[56] 钟洁，沈兴菊.民族村寨游客的旅游体验质量研究——以西双版纳傣族园为例 [J].资源开发与市场，2010，26（4）.

[57] 王汝辉.民族村寨旅游中居民人力资本产权研究——兼析《合作开发桃坪羌寨旅游协议》的合约缺陷 [J].西南民族大学学报（人文社科版），2010，31（4）.

[58] 李强.少数民族村寨旅游的社区自主和民族文化保护与发展——以云南泸沽湖与青海小庄村为例 [J].贵州民族研究，2010，31（2）.

[59] 覃雪梅.民族文化资本化与民族村寨社会转型——以云南为例 [J].思想战线，2010，36（3）.

[60] 黄亮.国内外少数民族村寨旅游研究进展 [J].资源开发与市场，2010，26（6）.

[61] 余压芳，邓健.西南少数民族村寨景观的低碳性研究——以梭嘎生态博物馆为例 [J].贵州民族研究，2010，31（4）.

[62] 陈志永，王化伟，李乐京.少数民族村寨社区居民对旅游增权感知研究 [J].商业研究，2010（9）.

[63] 王清华.民族村寨广场的社会功能 [J].云南社会科学，2010（5）.

[64] 冯胜刚.少数民族村寨在社会主义新农村建设中的体育选择 [J].体育学刊，2010，17（9）.

[65] 王汝辉.非物质文化遗产在民族村寨旅游开发中的特殊性研究——以四川理县桃坪羌寨为例 [J].贵州社会科学，2010（11）.

[66] 李天雪.社区参与与民族村寨旅游开发——基于桂林市东宅江瑶寨的实证研究 [J].黑龙江民族丛刊，2010（5）.

[67] 杨经华，蒙爱军.困境与突围——少数民族村寨打工经济调查实录 [J].黑龙江民族丛刊，2010（6）.

[68] 李天翼, 孙美璆. "工分制"民族村寨旅游开发模式成因的文化生态学探析——以贵州省雷山县上郎德村为个案 [J]. 黑龙江民族丛刊, 2010 (6).

[69] 田艳. 民族村寨旅游开发中的利益补偿制度研究 [J]. 广西民族研究, 2010 (4).

[70] 李欣华, 吴建国. 旅游城镇化背景下的民族村寨文化保护与传承——贵州郎德模式的成功实践 [J]. 广西民族研究, 2010 (4).

[71] 李金发. 旅游经济与民族村寨文化整合——以云南红河州慕善彝村为例 [J]. 西南民族大学学报（人文社会科学版）, 2011, 32 (3).

[72] 陈志永, 王化伟, 毛进. 民族村寨居民与旅游经济增权感知空间分异 [J]. 商业研究, 2011 (3).

[73] 王金叶. 新农村建设视角下的西部少数民族村寨乡村旅游开发 [J]. 旅游论坛, 2011, 4 (1).

[74] 余压芳, 刘建浩. 论西南少数民族村寨中的"文化空间" [J]. 贵州民族研究, 2011, 32 (2).

[75] 杨彦增, 杨长泉. 民族村寨运用习惯法解决纠纷存在的问题及对策探讨——以黔东南苗、侗村寨为视角 [J]. 西南民族大学学报（人文社会科学版）, 2011, 32 (7).

[76] 陈志永, 梁涛, 吴亚平. 关于少数民族村寨旅游开发中的几个问题 [J]. 黑龙江民族丛刊, 2011 (3).

[77] 范松. 试论贵州民族村寨的文化性格 [J]. 贵州民族研究, 2011, 32 (4).

[78] 李军, 王昊英, 蒋天天. 民族村寨现代经济转型的研究——以安中村纳西族区域为例 [J]. 思想战线, 2011, 37 (S1).

[79] 李华红. 民生语域中民族村寨旅游业开发检思与居民自我发展能力研究——贵阳市镇山村案例 [J]. 湖北社会科学, 2011 (10).

[80] 郑宇. 中国少数民族村寨经济的结构转型与社会约束 [J]. 民族研究, 2011 (5).

[81] 周真刚. 近二十年来贵州少数民族村寨聚落研究综述 [J]. 贵州民族研究, 2012, 33 (1).

[82] 莫代山. 传统生态知识运用与民族村寨的保护与发展经验——以台湾地区山美村邹族为例 [J]. 广西民族研究, 2012 (1).

[83] 吴燕怡. 民族村寨民间风俗变迁中的政策影响——以石林撒尼村寨为例 [J]. 思想战线, 2012, 38 (4).

[84] 李强. 旅游发展与民族村寨的边界跨越——以云南曼听村与贵州西江村为例 [J]. 云南社会科学, 2012 (4).

[85] 杨建春, 吴建国. 民族村寨旅游管理制度研究 [J]. 商业研究, 2012 (8).

[86] 赵艳林. 民族村寨游客服务质量感知量表的开发与构建 [J]. 四川师范大学学报 (社会科学版), 2012, 39 (4).

[87] 钟洁. 基于游憩体验质量的民族村寨旅游产品优化研究——以云南西双版纳傣族园、四川甲居藏寨为例 [J]. 旅游学刊, 2012, 27 (8).

[88] 冯红梅. 论黔东南少数民族村寨传统体育文化的旅游开发 [J]. 贵州民族研究, 2012, 33 (4).

[89] 焦世泰. 边远少数民族贫困地区民族村寨旅游开发研究——以贵州黔东南西江苗寨为例 [J]. 资源开发与市场, 2012, 28 (10).

[90] 邓辉. 转变发展方式背景下特色民族村寨发展模式的调整与转型——以湖北省恩施市枫香坡侗族村寨为例 [J]. 中南民族大学学报 (人文社会科学版), 2012, 32 (5).

[91] 田敏, 邓小艳. 近十年国内民族村寨旅游开发与民族文化保护和传承研究述评 [J]. 中南民族大学学报 (人文社会科学版), 2012, 32 (6).

[92] 张斌, 李娟. 少数民族乡村政治传播出版策略思考——基于湘黔桂毗邻边区民族村寨的民族志调查 [J]. 中国出版, 2012 (21).

[93] 刘从水. 乡村文化产业: 云南民族村寨经济转型的新动力 [J]. 思想战线, 2013, 39 (2).

[94] 李向玉．竞争与冲突：少数民族地区婚姻现状——以贵州黔东南州乌秀、大溪、大稿午少数民族村寨婚姻调查为例 [J]．西南民族大学学报（人文社会科学版），2013，34（3）．

[95] 王汝辉，张琼，赵合明．基于内容分析法的民族村寨游客偏好研究——以丹巴县甲居藏寨游客为例 [J]．四川师范大学学报（社会科学版），2013，40（2）．

[96] 任耘．基于利益相关者理论的民族村寨旅游开发研究——以四川理县桃坪羌寨为例 [J]．贵州民族研究，2013，34（2）．

[97] 吴大华，郭婧．火灾下正式制度的"失败"——以贵州黔东南地区民族村寨为例 [J]．西北民族大学学报（哲学社会科学版），2013（3）．

[98] 刘晓春．民族村寨旅游的思考 [J]．黑龙江民族丛刊，2013（3）．

[99] 何嵩昱．贵州民族村寨旅游发展模式研究——以朗德上寨和镇山村为例 [J]．贵州民族研究，2013，34（3）．

[100] 陈思莲．旅游开发与民族村寨社会变迁 [J]．中南民族大学学报（人文社会科学版），2013，33（4）．

[101] 张河清，陈韵．人类学视野下民族村寨旅游开发原真性研究——对湖南通道"皇都侗寨"的考察 [J]．湘潭大学学报（哲学社会科学版），2013，37（4）．

[102] 潘佳，康秀敏．少数民族村寨旅游业实施整合营销的关键要素分析 [J]．贵州民族研究，2013，34（4）．

[103] 李燕妮，张晓萍．民族村寨旅游发展中节庆活动的传承与创新——以云南红河州可邑彝族村寨为例 [J]．贵州民族研究，2013，34（4）．

[104] 莫代山．旅游背景下民族文化产业化与特色民族村寨保护——以台湾地区太鲁阁族"可乐部落"为例 [J]．湖北民族学院学报（哲学社会科学版），2013，31（4）．

[105] 周杰，杨兮，张凤太．少数民族村寨社区参与旅游发展的特征及内涵解析 [J]．黑龙江民族丛刊，2013（5）．

[106] 杨晓轼.旅游文化视域下少数民族村寨体育的发展路径[J].社会科学家，2013（9）.

[107] 李乐京.民族村寨旅游开发中的利益冲突及协调机制研究[J].生态经济，2013（11）.

[108] 吴学成，李江风，蒋琴，等.游客购买旅游商品的影响因素与旅游动机的关联度研究——以黔东南民族村寨旅游商品市场为例[J].生态经济，2013（12）.

[109] 朱文霜.桂北民族村寨的建筑符号语义[J].艺术百家，2013，29（S2）.

[110] 王克军.民族村寨旅游利益博弈下的环境问题研究——以四川甲居藏寨为例[J].干旱区资源与环境，2014，28（2）.

[111] 吴学成，李江风，蒋琴，等.民族村寨旅游发展的动力机制系统研究[J].生态经济，2014，30（1）.

[112] 胡北明，雷蓉.社区自治型遗产旅游地公地悲剧及其治理——以民族村寨型景区为例[J].西南民族大学学报（人文社会科学版），2014，35（2）.

[113] 周灿.少数民族村寨非物质文化遗产保护性旅游开发——以三台山德昂族村寨为例[J].学术探索，2014（4）.

[114] 梁爱文，周灿.非物质文化遗产保护与传承下的民族村寨旅游发展探究——以云南三台山德昂族乡出冬瓜村为例[J].黑龙江民族丛刊，2014（2）.

[115] 徐光有.农民行动逻辑视域下的民族村寨产业结构升级转型[J].云南民族大学学报（哲学社会科学版），2014，31（3）.

[116] 马东艳.民族村寨居民抵制社区旅游的内在机理及对策研究[J].云南社会科学，2014（3）.

[117] 向富华.民族村寨旅游标准化管理与个性化发展研究[J].贵州民族研究，2014，35（2）.

[118] 卢丽娟，曹务坤，辛纪元.民族村寨社区参与旅游扶贫开发的财产制度瓶颈与破解[J].贵州民族研究，2014，35（5）.

[119] 谢萍，朱德亮.论人类学视角下民族村寨旅游可持续发展模式 [J]. 贵州民族研究，2014，35（6）.

[120] 邓辉.生态家园：文化遗产型特色民族村寨发展的有效模式——基于武陵山区彭家寨的调查 [J]. 中南民族大学学报（人文社会科学版），2014，34（5）.

[121] 李然.民族村寨保护和发展的实践及其理论省思——基于武陵山区的调查 [J].中南民族大学学报（人文社会科学版），2014，34（5）.

[122] 向丽.对民族村寨文化现代性建构的反思——基于湖北省恩施市枫香坡侗寨的调查 [J]. 中南民族大学学报（人文社会科学版），2014，34（5）.

[123] 郑宇.少数民族村寨新兴生计衰变的人类学解读——以云南省一个苗族村寨的烟草种植为例 [J]. 北方民族大学学报（哲学社会科学版），2014（5）.

[124] 潘文献.试论民族发展过程中文化适应的滞后性——以湘黔桂少数民族村寨火灾为例 [J]. 学术论坛，2014，37（7）.

[125] 徐嵩龄.脱贫视野下的贵州民族村寨发展：产业化·保护·申遗 [J].贵州社会科学，2014（10）.

[126] 丁月牙.民族村寨家长的女童教育观分析——基于凉山彝族 L 乡的调查 [J].民族教育研究，2014，25（5）.

[127] 马东艳.民族村寨社区旅游居民满意度内驱因素研究 [J]. 贵州民族研究，2014，35（8）.

[128] 曹务坤，辛纪元，吴大华.民族村寨社区参与旅游扶贫的法律机制完善 [J].云南社会科学，2014（6）.

[129] 张小林，白晋湘，吴力.少数民族村寨传统体育节庆民俗与现代创意发展——基于湘西德夯"百狮会"的考察 [J].沈阳体育学院学报，2014，33（6）.

[130] 黄萍.尴尬与出路：旅游扶贫视角下西南民族村寨文化遗产管理研究 [J].青海民族研究，2015，26（1）.

[131] 赵翔. 依法治国视域下石漠化地区民族村寨治理研究 [J]. 贵州民族研究，2015，36（3）.

[132] 黄明光. 我国高铁运营里程位居世界第一——贵广高铁经过黔东南少数民族村寨 [J]. 求是，2015（7）.

[133] 肖青，李宇峰. 全球化、现代化与民族村寨文化 [J]. 社会科学论坛，2015（5）.

[134] 刘永安，刘庭风. 少数民族村寨风景打造及保护研究——以西江千户苗寨为例 [J]. 贵州民族研究，2015，36（4）.

[135] 张中奎. 预警原则：民族村寨旅游预开发的实证研究 [J]. 财经理论与实践，2015，36（3）.

[136] 马东艳. 民族村寨旅游发展中主要社会问题研究 [J]. 贵州民族研究，2015，36（6）.

[137] 彭清燕. 论民族村寨文化保护的法本位进路与法制度建构 [J]. 广西民族研究，2015（3）.

[138] 辛纪元，曹务坤，勾清芸. 贵州民族村寨旅游扶贫链接机制完善研究 [J]. 贵州民族研究，2015，36（8）.

[139] 刘志宏，李钟国. 城镇化进程中少数民族特色村寨保护与规划建设研究——以广西少数民族村寨为例 [J]. 广西社会科学，2015（9）.

[140] 邱昊. 媒介生态视野下少数民族村寨生态文明建设研究 [J]. 学术探索，2015（10）.

[141] 宋才发，刘廷兰. 村寨文化旅游业发展创新的法治问题探讨——以贵州民族村寨文化旅游业为例 [J]. 贵州民族研究，2015，36（12）.

[142] 黄成华. 旅游驱动下民族村寨的文化认同研究 [J]. 贵州民族研究，2016，37（1）.

[143] 李海娥，熊元斌. 民族村寨居民对所在地旅游形象的感知及其效应研究——以海南省什寒村为例 [J]. 兰州学刊，2016（1）.

[144] 李玉文. 少数民族村寨发展变迁中的传统体育保护研究——酉阳河湾村摆手舞的田野调查报告 [J]. 广州体育学院学报，2016，36（1）.

[145] 董法尧，陈红玲，吴建国.我国旅游资源产权结构与旅游经济发展的关系研究——以民族村寨旅游资源为例 [J].云南社会科学，2016（2）.

[146] 郑文换.民族村寨的衰落：组织排斥、经济边缘化与文化断裂 [J].广西民族研究，2016（1）.

[147] 陈炜.民族村寨旅游服务质量游客满意度评价指标体系的构建及应用——以柳州三江程阳侗寨为例 [J].社会科学家，2016（1）.

[148] 李甫.贵州少数民族村寨旅游业发展的困境与对策研究——以花溪区镇山村为例 [J].贵州民族研究，2016，37（2）.

[149] 董法尧，陈红玲，李如跃，等.西南民族地区民族村寨旅游扶贫路径转向研究——以贵州西江苗寨为例 [J].生态经济，2016，32（4）.

[150] 兰措卓玛.关系视角下旅游发展对青海民族村寨的影响分析 [J].青海社会科学，2016（2）.

[151] 曹兴平.民族村寨旅游社区参与内生动力实证研究 [J].贵州民族研究，2016，37（3）.

[152] 钟君.社会资本视角下的少数民族村寨贫困问题研究 [J].求索，2016（5）.

[153] 赵艳林，毛道维，钟兰岚.民族村寨旅游服务质量对游客行为意愿的影响研究——满意、不满意的中介作用 [J].四川师范大学学报（社会科学版），2016，43（4）.

[154] 吴亚平，陈志永.民族村寨景区化发展中地方政府逐利行为的生成逻辑及治理研究 [J].黑龙江民族丛刊，2016（3）.

[155] 伊漪，李益长.增权理论在民族村寨生态资源扶贫开发中的应用研究——以"中国扶贫第一村"赤溪村为例 [J].广西民族研究，2016（3）.

[156] 赖斌，杨丽娟.民族村寨传统饮酒仪节的现代旅游体验模式研究 [J].西北民族大学学报（哲学社会科学版），2016（4）.

[157] 杨军.民族村寨旅游开发中的利益冲突及化解机制研究 [J].湖北民族学院学报（哲学社会科学版），2016，34（4）.

[158] 李燕琴，刘莉萍．民族村寨旅游扶贫的冲突演进与应对之策——以中俄边境村落室韦为例 [J]．西南民族大学学报（人文社科版），2016，37（10）．

[159] 谭志满，刘双燕．近二十年我国民族村寨文化旅游研究进展评析 [J]．广西民族研究，2016（5）．

[160] 崔露．少数民族村寨旅游开发存在的冲突与调适 [J]．贵州民族研究，2016，37（10）．

[161] 孙信茹．媒介在场和少数民族村寨文化转型 [J]．现代传播（中国传媒大学学报），2016，38（11）．

[162] 彭流萤．影视传播与族群文化发展——以边境少数民族村寨生活文化塑型为例 [J]．现代传播（中国传媒大学学报），2016，38（12）．

二、英文文献

[1] CHAISIRI K, KUSOLSUK T, HOMSUWAN N, et al. Co-occurrence of Swine Cysticercosis Due to Taenia Solium and Taenia Hydatigena in Ethnic Minority Villages at the Thai-Myanmar Border [J]. Journal of helminthology,2019,93(6).

[2] LIGUO WANG,YUKIO YOTSUMOTO. A Different Interpretation from Cornet's on Tourism Development in an Ethnic Minority Village in China[J]. Asia Pacific Journal of Tourism Research, 2018, 23(9).

[3] SUN XIAOLONG, LINBISHU, CHEN YONGHONG, et al. Can Commercialization Reduce Tourists' Experience Quality? Evidence From Xijiang Miao Village in Guizhou, China[J]. Journal of Hospitality & Tourism Research,2019,43(1).

[4] SU, M M et al. Tourist–community Interactions in Ethnic Tourism: Tuva Villages, Kanas Scenic Area, China[J]. Tourism and Cultural Change, 2016, 14(1).

[5] SMITH D J. Minority Rights, Multiculturalism and EU Enlargement: the Case of Estonia[J]. JEMIE, 2015(14).

[6] YANG L G. On Perceptibility and Recognizability of Traditional Settlements' Landscape Genes in Chinese Minority Areas: A Case Study in Yutou Dong Minority Village of Tongdao [J]. Journal of Landscape Research,2015,7(3).

[7] VATTER A, Stadelmann-Steffen I, Danaci D. Who Supports Minority Rights in Popular Votes? Empirical Evidence from Switzerland[J]. Electoral studies, 2014(36).

[8] SANDERS, DAVID. The Democratic Engagement of Britain's Ethnic Minorities[J].Ethnic & Racial Studies, 2014, 37(1).

[9] TREMLETT A. Making a Difference Without Creating a Difference: Super-diversity as a New Direction for Research on Roma Minorities[J]. Ethnicities, 2014, 14(6).

[10] WANG, L. Analysis on Science Popularization Mode in Ethnic Villages: A Case Study on Youshuihe Town in Youyang Tujia and Hmong Autonomous County[J]. Canadian Social Science, 2014(1).

[11] BUULTJENS J, GALE D, WHITE N E. Synergies Between Australian Indigenous Tourism and Ecotourism: Possibilities and Problems for Future Development[J]. Journal of Sustainable Tourism, 2010, 18(4).

[12] JOAN HENDERSON, GOH KOON TECK, DENYSE NG, TAN SI-RONG. Tourism in Ethnic Communities: Two Miao Villages in China[J]. International Journal of Heritage Studies,2009,15(6).

[13] KOBORI E, VISRUTARATNA S, MAEDA Y, et al. Methamphetamine Use and Correlates in Two Villages of the Highland Ethnic Karen Minority in Northern Thailand: A Cross Sectional Study[J]. BMC International Health and Human Rights, 2009(1).

[14] XU J. Community Participation in Ethnic Minority Cultural Heritage Management in China: A Case Study of Xianrendong Ethnic Cultural and Ecological Village[J]. Papers from the Institute of Archaeology, 2007(18).

[15] TANG, et al. Smoking and Drinking Patterns Among Residents of Li Ethnic Minority Villages in Hainan, China[J]. Substance Use & Misuse, 2005(5).

[16] XIAOHUI Z, QILIANG W. The Change and Function of Folk Law of Ethnic Minorities in Modern Society: An Analysis of Folk Law in Twenty-Five Ethnic Minority Villages in Yunnan[J]. Chinese Sociology & Anthropology, 2003, 35(4).

[17] ROBERTA MACDONALD, LEE JOLLIFFE. Cuture Rural Tourism: Evidence from Canada[J]. Annals of Tourism Research, 2003, 30(20).

[18] PAM DYER, LUCINDA ABERDEEN, SIGRID SCHULER. Tourism Impacts on an Australian Indigenous Community: A Djabugay Case Study[J]. Tourism Management, 2003(1).

[19] CUN RIHONG. Forest Resources Management of a Minority Village near Gaoligong Mountain Nature Reserve[J]. Forestry and Society Newsletter, 2001(01).

[20] VANESSA SLINGER. Ecotourism in the Last Indigenous Caribbean Community[J]. Annals of Tourism Research, 2000 (2).

# 附　录

## 附录一　九寨沟震区灾后重建政策
## 执行情况调查问卷

您好：

我们是四川大学"民族特色村寨保护研究"课题组，正在进行一项关于九寨沟震区灾后重建政策执行情况的调研。您的回答无所谓对错，希望您能如实作答，我们将对您的作答完全保密。感谢您的配合和支持！

填写说明：1. 请您在相应处打"√"。

2. 本次调研不记名，请放心填写。

## 一、基础信息

1. 您的性别是

　A. 男　　B. 女

2. 您的年龄是

    A. 18 岁以下　　B.18 ～ 45 岁　　C.46 ～ 60 岁

    D. 60 岁及以上

3. 您的民族是

    A. 汉族　　B. 藏族　　C. 羌族　　D. 回族　　E. 其他

4. 您的文化程度是

    A. 小学及以下　　B. 初中　　C. 高中或中专　　D. 大专及以上

## 二、灾后重建政策执行评价指标量表

| 序号 | 评价标准 | 非常同意（5分） | 同意（4分） | 不清楚（3分） | 不同意（2分） | 非常不同意（1分） |
|---|---|---|---|---|---|---|
| 1 | 政策目标明确具体 | | | | | |
| 2 | 政策方案切合实际、具体可行 | | | | | |
| 3 | 政策范围覆盖所有受灾群众 | | | | | |
| 4 | 各部门职责清晰、分工明确 | | | | | |
| 5 | 建立部门间沟通协作机制，明确各部门之间的对接事项及要求 | | | | | |
| 6 | 各部门工作信息公开透明 | | | | | |
| 7 | 工作人员具备充足的职业素养和执行能力 | | | | | |

续表

| 序号 | 评价标准 | 非常<br>同意<br>（5分） | 同意<br>（4分） | 不<br>清楚<br>（3分） | 不<br>同意<br>（2分） | 非常<br>不<br>同意<br>（1分） |
|---|---|---|---|---|---|---|
| 8 | 工作人员能够完整、正确地理解政策 | | | | | |
| 9 | 工作人员积极高效、认真负责 | | | | | |
| 10 | 社会组织能够完整、正确地理解政策，配合政策执行 | | | | | |
| 11 | 社会组织积极有效地参与灾后重建工作 | | | | | |
| 12 | 受灾群众能够完整、正确地理解政策，配合政策执行 | | | | | |
| 13 | 受灾群众能够积极有效地参与灾后重建工作 | | | | | |
| 14 | 在灾后重建工作全过程中配备有充足的技术和服务人员 | | | | | |
| 15 | 具有充足的物资供应 | | | | | |
| 16 | 具有充足的政策资金 | | | | | |

续表

| 序号 | 评价标准 | 非常同意（5分） | 同意（4分） | 不清楚（3分） | 不同意（2分） | 非常不同意（1分） |
|---|---|---|---|---|---|---|
| 17 | 政策执行过程具有科学合理的监督、激励机制 | | | | | |
| 18 | 震区的财政收入、产业结构和发展状况能够有效保障政策执行 | | | | | |
| 19 | 震区群众的民族构成、观念和风俗习惯等因素利于政策执行 | | | | | |
| 20 | 政策执行产生的社会效益高 | | | | | |
| 21 | 社会对政策执行的满意度高 | | | | | |

对于您所提供的帮助，我们表示诚挚的感谢！祝您生活愉快！

# 附录二　政策执行问题访谈提纲

您好！我们是四川大学"民族特色村寨保护研究"课题组，正在进行一项关于九寨沟震区灾后重建政策执行情况的调研。本次访谈的内容将严格保密，请您如实地回答每个问题。谢谢您的支持与合作！

**A．针对受灾群众**

1．九寨沟地震给您生活上带来了什么困难吗？您家房屋受损了吗？

2．您了解灾后重建的相关政策吗？这些政策帮您解决困难了吗？

3．您觉得这些政策在执行过程中存在什么问题吗？有相应的解决措施吗？

4．您参加过灾后重建工作吗？

5．您对这些灾后重建政策有什么意见或者建议吗？

**B．针对政府工作人员**

1．请问灾后重建具体政策有哪些？是通过什么方式告知受灾群众的呢？

2．您对这些政策如何评价呢？

3．您对这些灾后重建政策有什么意见或者建议吗？

4. 灾后重建的资金是多少？现在已经投入了多少？预计还需要多少呢？

5. 在重建工作中，政府各部门具体负责些什么样的工作？

6. 现在重建工作进展如何？可以按期完成吗？

7. 您在灾后重建工作中主要负责哪些工作？

8. 您在参与灾后重建工作中遇到了哪些问题？

9. 这些问题解决了吗？您是如何解决的呢？

## C. 针对社会组织人员

1. 您参与了灾后重建工作吗？

2. 您是主动参与还是受政府号召呢？

3. 您觉得这些政策在执行过程中存在什么问题？有相应的解决措施吗？

4. 您如何评价这些政策呢？

5. 您对这些灾后重建政策有什么意见或者建议吗？

感谢您的支持和配合！祝您生活愉快！

# 附录三　四川藏区少数民族特色村寨
## 保护现状调查问卷

您好！我们是四川大学"民族特色村寨保护研究"课题组，现进行民族特色村寨保护与发展的情况调查。调查获得的所有资料仅用于学术研究，不作任何商业应用，不以任何形式传播个人信息和隐私，请您放心！填写问卷大概需要 5～10 分钟，感谢您的合作！

填写须知：请在符合的选项后画上"√"。

## 一、基本信息

1. 您的住址：_____村

2. 您的年龄：_____岁

3. 民族：____族

4. 性别：男□　女□

5. 学历：小学及以下□　初中□　高中或中专□　大专及以上□

6. 您家一共_____口人

7. 家庭年总收入约_____元

8. 您对村寨保护工作的评价？

　　A. 非常好　B. 好　C. 一般　D. 不好　E. 非常不好

## 二、经济方面

9. 您家的收入来源是？（可多选）

   A. 农业生产经营性收入（农业、种植、养殖收入）

   B. 非农业经营收入（当地务工、个体户等收益）

   C. 外出务工收入

   D. 集体经济收入（村集体或者乡镇企业的分红、股息利息等收入）

   E. 其他各项收入（政府补贴、租赁变卖、亲友赠送等收入）

10. 对比同乡镇的其他村寨，您是否满意自己的家庭收入？

    A. 非常满意　B. 满意　C. 一般　D. 不满意

    E. 非常不满意

11. 您认为村寨资源要素量？

    A. 非常丰富　B. 丰富　C. 一般　D. 不丰富

    E. 非常不丰富

12. 政府对村寨发展的扶持力度如何？

    A. 投入非常大　B. 投入大　C. 一般　D. 投入少

    E. 几乎没投入

13. 您对村寨经济发展水平的评价？

    A. 非常好　B. 好　C. 一般　D. 不好　E. 非常不好

## 三、生态方面

14. 您对村寨生态保护工作的评价？

A. 非常好　B. 好　C. 一般　D. 不好　E. 非常不好

15. 您对村寨生态保护的态度是？

A. 非常有必要　B. 有必要　C. 无所谓　D. 没必要

E. 非常没必要

16. 您是否了解生态环境保护相关政策或法规条例？

A. 非常了解　B. 了解　C. 一般　D. 不了解

E. 非常不了解

17. 您对生态保护政策推进落实的评价？

A. 非常好　B. 好　C. 一般　D. 不好　E. 非常不好

18. 村寨生态环境是否遭受破坏？

A. 没有破坏　B. 几乎没有　C. 一般　D. 有些破坏

E. 严重破坏

19. 您认为村寨生态环境存在哪些问题？（可多选）

A. 绿色植被减少　B. 原始物种减少　C. 自然灾害增多

D. 生态污染加重　E. 其他_____

## 四、政治方面

20. 您对村寨治理工作的评价？

A. 非常好　B. 好　C. 一般　D. 不好　E. 非常不好

21. 您是否了解基层群众"四项民主"的内容？

A. 非常了解　B. 了解　C. 一般　D. 不了解

E. 非常不了解

22. 您是否参与村寨的村民治理工作？

A. 经常参加　B. 偶尔参加　C. 无所谓　D. 极少参加

E. 从不参加

23. 您对村干部工作的了解程度？

A. 非常了解　B. 了解　C. 一般　D. 不了解　E. 非常不了解

24. 您对村干部工作的评价？

A. 非常好　B. 好　C. 一般　D. 不好　E. 非常不好

## 五、文化方面

25. 您对村寨文化保护工作的评价？

A. 非常好　B. 好　C. 一般　D. 不好　E. 非常不好

26. 您对村寨文化开发利用的评价？

A. 非常好　B. 好　C. 一般　D. 不好　E. 非常不好

27. 您是否了解村寨文化保护政策？

A. 非常了解　B. 了解　C. 一般　D. 不了解　E. 非常不了解

28. 您对村寨文化经济产业的评价？

A. 非常满意　B. 满意　C. 一般　D. 不满意

E. 非常不满意

29. 您认为村寨文化保护与开发存在的问题是？（可多选）

A. 资源开发不到位　B. 产品单一　C. 规模小

D. 缺乏专业人员指导　E. 过度商业化　F. 其他＿＿＿＿＿＿

## 六、社会方面

30. 您对本村寨整体社会发展水平的评价？

A. 非常好　B. 好　C. 一般　D. 不好　E. 非常不好

31. 本村外出务工人口数量？

A. 非常少　B. 少　C. 一般　D. 多　E. 非常多

32. 您对生活的满意度？

A. 非常满意　B. 满意　C. 一般　D. 不满意　E. 非常不满意

33. 您对村寨公共产品供给水平的评价？

A. 非常好　B. 好　C. 一般　D. 不好　E. 非常不好

34. 村寨生活性基础设施（水、路、电、卫生等）是否齐全？

A. 非常齐全　B. 基本齐全　C. 一般　D. 不齐全

E. 非常不齐全

35. 村寨生产性基础设施（水利、物流等）是否齐全？

A. 非常齐全　B. 基本齐全　C. 一般　D. 不齐全

E. 非常不齐全

36. 村寨社会保障（医疗、教育、养老）水平？

A. 非常好　B. 好　C. 一般　D. 不好　E. 非常不好

再次衷心感谢您的耐心填答，祝您生活愉快，家庭幸福！

# 附录四　民族特色村寨保护现状访谈提纲

您好！我们是四川大学"民族特色村寨保护研究"课题组，现在在做一个关于民族特色村寨保护与发展现状的调查，希望通过对您进行访谈了解一些情况。访谈过程中我们会进行录音，但是访谈资料仅供学术研究使用，我们会对谈话内容严格保密。访谈大概需要 20 分钟。

## 一、针对村寨村民

1. 您觉得本村的经济水平和同乡镇其他村寨相比如何？高些还是低些？

2. 本村有什么特色民族产品吗？

3. 您觉得政府和村干部在村寨发展中的作用大吗？您对他们的工作满意吗？

4. 您是否了解和本村相关的政策，如政府文件、相关补贴等？从什么渠道得知这些政策？

5. 平时村里决定重大事情村民会参加吗？

6. 村里有什么村规民约吗？村里风气怎么样？

7. 村里的饮水、道路、网络、物流等基础设施齐备吗？

8. 在教育、医疗等方面有保障吗？

9. 村寨是否通过开发利用物质文化（村建筑、景观等）和非物质文化（民俗节日、舞蹈表演等）发展经济？

10. 本村外出务工的人多吗？

11. 您觉得村寨的生态环境怎么样？需要大力保护吗？

12. 您觉得村寨发展有什么问题吗？您对村寨发展有什么建议？

## 二、针对村寨"两委会"成员和乡镇政府工作人员

1. 您担任职务多久了？村寨有什么变化吗？

2. 您觉得自己在带领村民共同致富方面做得怎么样？有什么困难吗？

3. 村寨的基础服务设施怎么样？

4. 村民在日常生活中参与村寨活动的积极性怎么样？

5. 您在日常工作中有什么困难吗？

6. 您觉得村寨发展有什么问题吗？您对村寨发展有什么建议吗？

7. 您对自己工作能力、工作态度的评价如何？

8. 您对村寨治理工作有什么建议？

感谢您的帮助和配合，祝您生活愉快，万事顺利！

# 后 记

　　"九寨沟震区民族特色村寨灾后重建与常态保护机制研究"课题已顺利结项。每每回想起课题研究整个过程的点点滴滴，总有颇多感慨。挚友建议我将这两年的研究成果整理出来予以出版，对此，心中不免惶惶。思前想后，鼓足勇气联系了知识产权出版社，书稿获得出版社的肯定和大力支持，在此表示诚挚的谢意。

　　在课题调研、写作及统稿过程中，我得到了多方的鼓励和支持。感谢四川大学"智慧法治"超前部署学科为本书提供的资金支持和学术资源支持；感谢四川省人民政府研究室、四川省九寨沟风景名胜区管理局及中查村、漳扎村、格下寨等地基层干部及村民为课题组调研提供的便利；感谢四川大学国际关系学院、中国西部边疆安全与发展协同创新中心领导和同事们给予的大力支持与帮助，他们为本书写作、统稿、校对工作提供了稳定而舒适的环境，使书稿出版得以顺利开展。

　　感谢四川大学法学院周伟教授，他为人坦荡，非常睿智，对学生循循善诱，关爱有加，能够成为他的学生实属三生有幸！

也感谢四川大学"智慧法治"超前部署学科首席科学家王竹教授给予的大力支持。此外，四川大学灾后重建学院田兵伟、孙英英，四川大学历史文化学院王娟娟，他们既是课题组的核心成员，也为本书的完成贡献了诸多重要建议。感谢我的学生刘阿敏、胡嘉、吴慧元、付大彬、郭超平、储婷婷、张璐、王淑俊、孙纬，他们为本书的校对和资料整理付出了很多心血。特别是刘阿敏和胡嘉，分别协助我完成了第四章和第五章内容的撰写，在此对他们表示衷心的感谢。

感谢我的爱人文会敏女士，正是她一直以来对我默默的支持，对整个家无私的奉献，使我能够全身心投入科研与本书的撰写工作。感谢我的两个宝贝儿子杨明楷、杨志楷，他们带给了我无穷的生活乐趣，这也是我能够顺利完成本书的重要精神动力和支撑。

2021 年 5 月于四川大学